VERLAG DIE WIRTSCHAFT BERLIN

Heinz Neumann · Adolf Scharfe

5., berichtigte Auflage

Autoren:

Heinz Neumann,
Ökonompädagoge, VEB Gaststätten HO Berlin

Adolf Scharte,
Serviermeister, Interhotel Potsdam

Fotos:

Götz Wilaschek, Berlin, 98 Fotos
Verlag Die Wirtschaft, Berlin, 48 Fotos
Vereinigung INTERHOTEL, Berlin, 12 Fotos
Schirmer, Berlin, 2 Fotos
Eckhard Zobel, Berlin, 3 Fotos

Übersetzung der bekanntesten Begriffe aus Restaurant und Küche:

Kollektiv der Fachschule für das Gaststätten- und Hotelwesen, Leipzig

Verlagslektor:

Diplomwirtschaftler Walter Schalm

© Verlag Die Wirtschaft, 1978
1055 Berlin, Am Friedrichshain 22
Lizenz-Nr. 122; Druckgenehmigungs-Nr. 195/315/78
LSV 0375
Einbandentwurf: Detlef Mann, Berlin (Foto: Müller/Straube, Berlin)
Printed in the German Democratic Republic
Satz und Druck: Grafischer Großbetrieb Völkerfreundschaft Dresden
Bestellnummer: 674 197 1

DDR 19,50 M

Inhaltsverzeichnis

	Vorwort	7
1.	Der Servicetisch	9
1.1.	Die Einteilung der Arbeitsfläche	9
1.2.	Die Bestecklage auf dem Servicetisch	10
1.3.	Die Spezial- oder Sonderbestecke	11
1.4.	Die Menagen	13
2.	Der gedeckte Tisch	16
2.1.	Die Ausstattung des Gasttisches	16
2.2.	Vom einfachen Kuvert bis zum Menü mit fünf Gängen	18
2.3.	Die Serviettenformen	23
2.4.	Die Gläserstellung	27
3.	Die Arten des Servierens von Speisen	30
3.1.	Der französische Service	30
3.2.	Der englische Service	34
3.3.	Der russische Service	39
3.4.	Die Reihenfolge der Bedienung der Gäste beim Service	40
4.	Die Garungsarten sowie der Aufbau und die gastronomischen Regeln der Speisenfolge	42
4.1.	Die Garungsarten	42
4.2.	Der Aufbau der Speisenfolge	44
4.3.	Gastronomische Regeln für das Aufstellen von Speisenfolgen	46
4.4.	Gastronomische Regeln für die Getränkewahl	48
5.	Der Service von Speisen (einschließlich fachkundlicher Hinweise)	51
5.1.	Die Vorspeisen	51
5.1.1.	Gemüse- und Rohkostsalate	52

5.1.2.	Salate und Mayonnaisen	53
5.1.3.	Würzbissen	55
5.1.4.	Räucherwaren	55
5.1.5.	Gelee- und Aspikgerichte	55
5.1.6.	Eier	56
5.1.7.	Pasteten	56
5.1.8.	Delikatessen	57
5.1.8.1.	Weichtiere	57
5.1.8.2.	Krustentiere	60
5.1.8.3.	Kaviar	69
5.2.	Die Suppen	70
5.2.1.	Klare Suppen – exotische Suppen	71
5.2.2.	Gebundene Suppen	72
5.2.3.	Nationalsuppen	72
5.2.4.	Kaltschalen	73
5.3.	Zwischengerichte – warme Vorspeisen	76
5.4.	Der Fischgang	78
5.5.	Der Hauptfleischgang	88
5.5.1.	Das Fleisch von Schlachttieren	88
5.5.2.	Das Haarwild	99
5.5.3.	Das Haus- und Wildgeflügel (Federwild)	103
5.6.	Der Gemüsegang	114
5.7.	Die Süßspeisen	117
5.8.	Der Käsegang	127
5.9.	Das Obst	128
6.	Einige spezielle Angebotsformen	131
6.1.	Das kalte Büfett	131
6.2.	Das Frühstücksbüfett	138
6.3.	Das traditionelle Frühstück	141
6.4.	Das Lunchbüfett	142
6.5.	Das Abendbüfett	143
6.6.	Die Speisebar	145
7.	Der Getränkeservice (einschließlich fachkundlicher Hinweise)	146
7.1.	Appetitanregende Getränke	146
7.2.	Der Weißweinservice	149
7.3.	Der Rotweinservice	153
7.4.	Der Dessertweinservice	156
7.5.	Der Schaumweinservice	157
7.6.	Herstellen und Service von Bowlen und Punschen	159
8.	Übersetzung der bekanntesten Begriffe aus Restaurant und Küche in die russische, englische und französische Sprache	162

Vorwort

Die Erde ist für uns kleiner geworden, Entfernungen von Land zu Land können wir in wenigen Stunden überwinden. Wer sein Mittagessen in Berlin einnimmt, wird vielleicht schon in Moskau seinen Nachmittagskaffee trinken wollen. Große Entfernungen sind heute weder für die Geschäfts- und Handelstätigkeit noch für Erholungsuchende ein ernstes Hindernis. Auslands- und Inlandstouristik nehmen ständig zu. Nach der Mitteilung der Staatlichen Zentralverwaltung für Statistik waren es 1976 zum Beispiel bereits 8,9 Millionen Bürger der DDR, die in sozialistische Länder reisten. Im gleichen Zeitraum besuchten 9,4 Millionen Bürger sozialistischer Länder die DDR. Der durch das sozialpolitische Programm erreichte höhere Lebensstandard führt dazu, daß immer mehr Bürger Stunden der Entspannung in Restaurants, Cafés, Bars und anderen gastronomischen Einrichtungen verbringen. Es ist offensichtlich: Die Meisterung der strategisch angelegten Hauptaufgabe bestimmt die Tätigkeit des Gaststättenwesens. Es trägt mit seinen Leistungen zur Herausbildung der sozialistischen Lebensweise bei und hilft zugleich, die Freizeitfonds der Bevölkerung zu erhöhen. Der von Jahr zu Jahr steigende Umsatz des Gaststättenwesens ist ein Ausdruck dafür, daß die materiellen und kulturellen Bedürfnisse der Familien mehr und mehr in gesellschaftlicher Form befriedigt werden. **Das alles beweist dem Leser: Die Anforderungen der Bürger an das Gaststättenwesen steigen ständig.**
Diese Aufgaben zu lösen, verlangt meisterliches Können von allen Mitarbeitern des Gaststättenwesens, speziell auch vom Kellner, der den unmittelbaren Kontakt zu den Gästen hat. Seine Aufgabe ist der Service. Die Gäste klug zu beraten und für sie gekonnt zu servieren, das sollte das Ziel jedes Kellners sein. Seine Tätigkeit ist in hohem Maße bestimmend dafür, daß die Gaststätten zu wirklichen Zentren des gesellschaftlichen Lebens werden.
Wir haben uns bemüht, in diesem Buch Anregungen für den Service zu vermitteln, um zu helfen, sein Niveau zu erhöhen. Unser Anliegen ist, die vorbildliche Betreuung des Gastes durch hohe Gaststättenkultur, die einen kulturvollen Speise- und Getränkeservice einschließt, zu veranschaulichen.
Ausgangspunkt für den Service ist der Servicetisch – die Station zwischen Kelneroffice und Gästetisch. Im ersten Kapitel werden die Einteilung der Arbeitsfläche,

die Bestecklage, die Spezial- und Sonderbestecke, die Menagen genauso exakt beschrieben wie im zweiten Kapitel die Ausstattung und Gestaltung des Gästetisches für alle Gelegenheiten.

Das dritte Kapitel macht den Leser mit den verschiedenen Formen des Service (französischer, englischer und russicher Service) vertraut und schließt mit Angaben über die Reihenfolge der Bedienung der Gäste, speziell bei besonderen Anlässen.

Das vierte Kapitel behandelt die Garungsarten sowie den Aufbau und die gastronomischen Regeln der Speisenfolge und der Getränkewahl.

Hauptanliegen unseres Buches ist das fünfte Kapitel „Der Service von Speisen (einschließlich fachkundlicher Hinweise)". Der Leser wird mit den Gängen eines umfangreichen Menüs (Vorspeise – Suppe – Zwischengericht – Fischgang – Hauptfleischgang – Gemüsegang – Süßspeise – Käsegang – Obst) in allen Einzelheiten vertraut gemacht. Höhepunkte sind die auf gründlichen praktischen Erfahrungen beruhenden Ausführungen über das Tranchieren, Filetieren und Flambieren sowie die Zubereitung von Delikatessen und Süßspeisen.

Das nächste Kapitel gibt Aufschluß über einige spezielle Angebotsformen, so über das Frühstücks- und Abendbüfett sowie über die Speisebar. Den Hauptteil des Buches beendet die Darstellung des Getränkeservice in Wort und Bild. Einige Rezepturen über Getränke sollen ebenfalls helfen, das Gaststättenniveau zu erhöhen.

Im Anhang findet der Leser eine Übersetzung der bekanntesten Begriffe aus Restaurant und Küche in die russische, englische und französische Sprache. Sie soll den Mitarbeitern einer Gaststätte im Verkehr mit ausländischen Gästen von Nutzen sein. Umgekehrt können ausländische Gäste, denen das Buch vorgelegt wird, ihre Wünsche verständlich machen.

Vieles, was nicht mit Worten ausgedrückt werden kann, verdeutlichen Fotografien und Skizzen. Sie erhöhen die Anschaulichkeit und Aussagekraft des Buches beträchtlich und sind weit mehr als eine Ergänzung zum Text.

Wir wenden uns – wie bereits angeführt – mit „Gekonnt serviert" speziell an den Kellner. Aber auch für die Gaststätten- und Restaurantleiter, die die Tätigkeit des Kellners zu beaufsichtigen haben, sowie für die Küchenleiter in Gaststätten und Betrieben ist unser Buch als Arbeitsmittel gedacht. Gerade diese haben es in der Hand, die besten Voraussetzungen für einen vorbildlichen Service zu schaffen. Dazu gehört konkretes Wissen über diesen Teil der Arbeit eines Kellners.

Über die Gastronomen hinaus wird „Gekonnt serviert" andere Leser finden. Setzt man für den Interessenten „Kellner" das Wort „Gastgeber", so eröffnet sich ein neuer Leserkreis. Viele Menschen haben in ihrer Wohnung oder bei ihrer beruflichen Tätigkeit Gäste zu betreuen. Sie werden für diesen Zweck manches Wissenswerte dem Buch entnehmen können. Auch in diesem Sinne soll „Gekonnt serviert" ein ständiger Ratgeber sein, Wissen vermitteln und zu einer höheren gastronomischen Leistung beitragen.

Von unseren Lesern nehmen wir gern Kritiken entgegen, die uns helfen, bei einer eventuellen späteren Überarbeitung der vorliegenden Auflage den sachlichen Inhalt und die Bildgestaltung zu verbessern.

Heinz Neumann
Adolf Scharfe

1. Der Servicetisch

1.1. Die Einteilung der Arbeitsfläche

Der Servicetisch mit seiner Ausstattung sollte als Zwischenstation auf dem Wege von der Speisen- und Getränkeausgabe zum Gast bezeichnet werden. Er ist der Arbeitstisch des Kellners, dem er die zum Service notwendigen, *übersichtlich* und *rationell* angeordneten Gegenstände entnimmt. Bild 1 zeigt die umfangreiche Ausstattung eines sogenannten großen Servicetisches für ein Speiserestaurant.

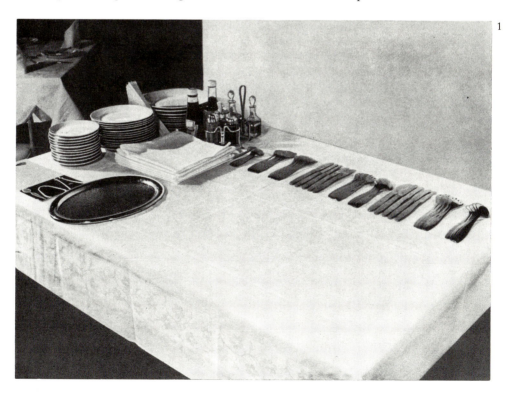

1

Für den Frühstücksraum oder für den speziellen Kaffeehausbetrieb ist der Servicetisch mit den dafür in Frage kommenden Gegenständen zu versehen. Bei einer geschlossenen Gesellschaft, für die die Speisenfolge vorher bestimmt ist, wird der Servicetisch mit den Materialien bestückt, die zum Arbeiten und Nachdecken notwendig sind, zum Beispiel Bestecke, Teller, Gläser und Servietten. Ein Servicetisch ist also abhängig vom Charakter der Gaststätte und entsprechend dem Speisen- und Getränkeangebot auszustatten.

Tisch ist nicht Tisch; deshalb sollte die äußere Form der Servicetische der Innenarchitektur einer Gaststätte angepaßt sein. Gleichgültig ist, ob im Servicetisch für die Bestecke Fächer oder Schubladen vorgesehen sind; die Reihenfolge der Besteckteile sowie die Anordnung der Teller und der übrigen Gegenstände werden immer dieselben sein.

Neben der Speise- und Getränkekarte stehen Brotkorb, Stoff- und Papierservietten, Untertassen, kleine oder Butterteller sowie flache Teller griffbereit. Das Geschirr ist so aufzustellen, daß kleinere Teile vorn und größere hinten stehen. Nach diesem Prinzip werden auch die Menagen – Gewürzständer – raumsparend eingereiht.

Die freibleibende Arbeitsfläche dient dem Kellner für das Absetzen von Platten, Beilagen und anderem. Er legt hier die notwendigen Vorlegebestecke an, sofern der französische Service (vgl. Abschnitt 3.1.) verwendet wird. Auch kleinere Mengen benutzten Geschirrs sowie Platten, Gläser und Bestecke dürfen auf dem Servicetisch bis zum nächsten Gang in das Office abgestellt werden. Der Arbeitstisch des Kellners muß ständig aufgeräumt sein. Den guten Kellner erkennt man nicht nur an einem exakten Service, sondern auch am jederzeit funktionsfähigen Arbeitstisch.

Innerhalb der Schubladen und Fächer des Servicetisches ist ein kleiner Vorrat an Tischdecken, Deckern, Servietten, Reserveaschenbechern, Zahnstochern sowie Rechnungsblocks und Speisekarten – dort, wo es erforderlich ist, auch fremdsprachliche – zu halten, doch das soll an dieser Stelle nur der Vollständigkeit halber erwähnt werden.

1.2. Die Bestecklage auf dem Servicetisch

Auf oder in dem großen Servicetisch liegen die verschiedenen Besteckteile (Bild 2). Zur Standardausrüstung des Arbeitstisches eines Kellners gehören (von rechts nach links):

das große Besteck – Löffel, Gabel und Messer,
das kleine Besteck – Löffel, Gabel und Messer,
das Fischbesteck – Gabel und Messer,
das Dessertbesteck – Kaffeelöffel und Dessertgabel.

Die Anordnung in dieser Reihenfolge hat gewichtige Gründe: Die Gabel ist der meistbenutzte Besteckteil, deshalb muß sie zentral zwischen Messer und Löffel liegen. Deckt der Kellner ein Besteck ein, so wird er zuerst nach der Gabel greifen, diese auf den in der linken Hand bereitgehaltenen kleinen Teller oder das Tablett legen und als zweiten Arbeitsgang das Messer unter die Gabel schieben. Diese Arbeitsweise gilt sowohl für das große als auch für das kleine sowie das Fischbesteck.

Für die Kombination des Löffels mit der Gabel ist es zweckmäßig, die Gabel zwischen Messer und Löffel zu legen. Solche Kombinationen sind:

der große Löffel und die große Gabel als Vorlegebesteck,
der kleine Löffel und die kleine Gabel als Entremetsbesteck,
der kleine Löffel und die kleine Gabel als Vorlegebesteck für portionsmäßig kleine Speisen, zum Beispiel Geflügel- und Fleischsalat.

An dieses Ordnungsprinzip beim Einräumen des Servicetisches halten sich die meisten Kellner, da es das rationelle Arbeiten fördert.

1.3. Die Spezial- oder Sonderbestecke

Verschiedene Speisen erfordern Spezialbestecke. Durch die Eigenart einiger Speisen bedingt, ist der Gast nicht in der Lage, mit den üblichen Bestecken die Nahrungsmittel zu verzehren. Bild 3 zeigt eine Auswahl von Spezial- oder Sonderbestecken:

a) Kaviarmesser
b) Krebsmesser
c) Schneckenzange
d) Krebs- und Schneckengabel
e) Hummergabel
f) Austerngabel
g) Dessert- und Kuchengabel
h) Mokkalöffel
i) Limonadenlöffel

Andere Besteckteile, wie die Aufschnittgabel, das Käse- und Buttermesser, die Pralinengabel sowie das -messer und auch die Sardinengabel, werden im Restaurantservice kaum noch benutzt. Tortenheber und -messer, Gebäck- und Zuckerzange, Bowlen-, Soßen- oder Suppenkellen und ähnliches dürften dem Leser bekannt sein. Deshalb stellen wir sie nicht im Bild vor. Als wichtige Arbeitsmittel des Kellners

a b c d e f g h i j k

dienen die Tranchiergabel und das Tranchiermesser. Beide sind ebenfalls auf Bild 3 abgebildet (siehe j und k).

In der Regel ist das Sonderbesteck nur dann in den Servicetisch einzuräumen, wenn die entsprechenden Gerichte angeboten oder für eine Speisenfolge vorher bestimmt werden. Wieviel Besteckteile im Arbeitstisch des Kellners für das à la carte-Geschäft unterzubringen sind, richtet sich nach den Erfahrungswerten der jeweiligen Gaststätte.

Auf unserem Servicetisch (Bild 1) müßten die notwendigen Sonderbesteckteile links an das vorhandene Besteck angereiht werden. Zentral sind Sonderbestecke im Vorbereitungsraum des Kellners, dem Office, untergebracht. Von hier aus ist es möglich, einen plötzlich auftretenden Bedarf zu regulieren. Wie das für den Gast bestimmte Sonderbesteck eingedeckt wird, erfährt der Leser im Abschnitt 5.

1.4. Die Menagen

Die Menagen sind Behälter, in denen Gewürze und Würzmittel bereitgehalten werden (Bild 4). Als Teil der Ausstattung des Servicetisches sind sie mit den geschmacksverändernden Zutaten zu füllen, die der Gast zur individuellen geschmacklichen Abrundung seiner Speisen benötigt.
Die Übersicht auf den Seiten 14 und 15 erläutert die Herkunft der Gewürze und Würzmittel sowie die Pflege der Behälter. Der dritte Block enthält Aussagen darüber, für welche Speisen die Gewürze und Würzmittel von den Gästen verwendet werden können. Beanstandungen der Gäste haben oft ihre Ursache darin, daß ihnen keine oder, was noch verwerflicher ist, wenig gepflegte Menagen eingesetzt werden.

Gewürze sind Lebensmittel, die man auch als Hilfsmittel der Speisenproduktion bezeichnet. Sie sollen durch Würzen und Abschmecken den Eigengeschmack der Speisen heben, aber keinesfalls überdecken. Deshalb muß man sie den Speisen in der richtigen Dosis zusetzen. Als Bestandteil der Nahrung beeinflussen die Gewürze verschiedene Körperfunktionen, zum Beispiel regen sie das Nervensystem an, fördern die Durchblutung der Hautpartien und den Speichelfluß (Mundverdauung). Macht der Koch den Fehler, beliebte Gewürzkombinationen regelmäßig für alle möglichen Speisen zu verwenden, erreicht er den sogenannten Einheitsgeschmack, der verpönt ist und sehr oft noch die berechtigte Kritik der Gäste herausfordert.
Als Würzmittel bezeichnet man solche Lebensmittel, denen besondere Geschmackseigenschaften eigen sind, so daß sie zum Würzen der Speisen oder anderer Lebensmittel verwendet werden können. Zu ihnen rechnet man die Gruppen Gewürze, Würzen, Genußsäuren, ätherische Öle, Süßstoffe und Kochsalz. Demzufolge gehören exakt betrachtet auch die hier zuerst genannten Gewürze zu den Würzmitteln.
Würztunken sind meist industriell hergestellte Soßen mit besonders kräftigem Geschmack, die nicht nur zum Würzen der Speisen in der Küche, sondern auch als Tafelsoßen für den Gast dienen. Ihre hauptsächlichen Vertreter sind: Chillisauce, Worcestershire-Sauce, Tomaten-Ketchup und Pepper-Sauce.

Herkunft der Gewürze und Würzmittel
Pflege und Einsatz der verschiedenen Menagen

	Salz	Paprika	Pfeffer	Essig
Herkunft der Gewürze und Würzmittel:	Gewinnung: a) Bergbau, b) Meer, c) Salinen	Balkanländer: Paprikaschote getrocknet, gemahlen; beste Sorten = edelsüßer oder Rosenpaprika, vitaminreich	Indien: a) schwarzer Pfeffer = unreife, gedörrte Beeren, schärfer als b) weißer Pfeffer = reife Beeren, gemahlen oder mit der Pfeffermühle im Restaurant mahlen	a) chemisch = Essigsäure, wird verdünnt b) natürlich = Wein ist von Essigsäurebakterien befallen (Weinessig) c) Schnellessigverfahren = verdünnter Sprit, Gärung wie Weinessig
Pflege der Menagen:	Salzstreuer: täglich den Verschluß innen trocken auswischen, täglich außen feucht abwischen, wöchentlich auswaschen, Streuer nur zu ³/₄ füllen, trocken lagern, dadurch besser streufähig	den Verschluß der Paprika- und Pfefferstreuer täglich innen trocken auswischen und den übrigen Behälter außen feucht abwischen; wöchentlich die Behälter auswaschen		Behälter aus Glas empfehlenswerter als aus Metall: wöchentlich heiß auswaschen, durch einen Tropfen Rotwein leicht färben (dadurch ist keine Verwechslung mit Öl möglich)
Einsatz der Menagen:	werden auf den Tisch oder auf die Festtafel gestellt und sind vor der Süßspeise abzuräumen	zu gebratenem Fleisch, Tatar, frischen Salaten Eierspeisen	zu rohem Schinken, gebratenen Eiern, Tatar, frischen Salaten	zu frischen Salaten, Hülsenfrüchten, Sülzgerichten

Öl	Senf	 Worcester-(shire-)sauce	 Tomatenketschup
Pressen von Oliven Raps, Sonnenblumenkernen, Nüssen und anderen Ölfrüchten	Senfkörner zu Senf verarbeitet, Meerrettich, Most oder Essig dienen als geschmackliche Abrundung oder bestimmen die Schärfe; englischer Senf wird in Pulverform geliefert und mit Wasser angerührt	eine im Handel erhältliche kalte Gewürzsauce	Tomatenmark mit Zucker, Weinessig, Salz und Gewürzen versetzt
wöchentlich heiß auswaschen, eine kleine Prise Salz beigeben, dadurch verzögert sich die Trübung	Porzellan- oder Glasbehälter: täglich auswaschen, lediglich zur Hälfte füllen, Löffel nur aus Plast, Horn oder nichtrostendem Metall verwenden, Silber oder Aluminium werden schwarz oder zersetzen sich, gesundheitsschädlich	Spritzflakon, täglich unter fließendem Wasser mit einer Bürste reinigen, den Inhalt halbgeleerter Flaschen zusammengießen	mit Spritzflakon versehene Flaschen wie Flaschen mit Worcestersauce pflegen, täglich feucht abwaschen
zu frischen Salaten und zu Gerichten mit Sc. Vinaigrette, Sülzgerichten aus Fleisch von Schlachttieren	zu fettem Fleisch, Eisbein, Spitzbein, Wellfleisch, Würstchen; beim Einsetzen ist der Behälter auf eine Untertasse zu stellen	zu Würzfleisch, Pasteten mit feinem Ragout, Steaks, Wild, Fischsuppen und schärfer gewürzten Speisen	zu Steaks

2. Der gedeckte Tisch

2.1. Die Ausstattung des Gasttisches

Tafelgeräte sollen zweckentsprechend, rationell und dabei schön sein. Für geschlossene familiäre und repräsentative Veranstaltungen, wie Hochzeiten und Banketts, werden echtes Porzellan, Tafelsilber und Kristall verwendet. An die Stelle überladener Tische ist heute eine betont sachliche und dezente Ausstattung getreten: modernes Porzellan, moderne Bestecke, modernes Glas, schlichte Serviettenformen und flacher, sparsamer Blumenschmuck. Die Bilder 5 und 6 zeigen jeweils einen modern gedeckten Tisch für ein Festmenü.

Die Tafelgeräte werden nach ganz bestimmten Ordnungsprinzipien benutzt. Nicht nur das Porzellan und die Bestecke müssen sauber und poliert, die Servietten fachgerecht geformt und alle Teile exakt ausgerichtet sein, auch die Gläserstellung ist für einen korrekt vorgerichteten Tisch bedeutungsvoll.

Als Leitsatz gilt:

Jedes Gerät auf dem Tisch
hat seinen festen Platz.

Dieser Satz trifft auch für das Auflegen der Tisch- und Tafeltücher zu. Gleichmäßige Abstände der Längsbrüche zur Tischkante sind Voraussetzung für den tadelsfrei gedeckten Tisch. Ebenso ist darauf zu achten, daß beim Aufdecken der Tücher der darunterliegende Molton – Friestuch – keine Falten schlägt. Die Brüche der Decken müssen auf der Tafel oder an allen Einzeltischen in *einer* Richtung verlaufen. Nach dem Aufdecken wird zuerst die Tischdekoration, zum Beispiel Blumen, eingesetzt. Zur weiteren Ausstattung gehört der gründlich gereinigte Aschenbecher, sofern es sich nicht um eine Nichtrauchergaststätte oder -abteilung handelt. Ob der Aschenbecher auf die Festtafel kommt oder nicht, sollte man dem Serviceleiter überlassen. Auf jeden Fall ist für den rauchenden Gast ein Aschenbecher einzusetzen. Der Salzstreuer wird im Speiserestaurant ebenfalls vorgedeckt. Alle anderen Würzmittel werden auf Wunsch des Gastes vom Kellner eingesetzt.

Blumen, Aschenbecher und Salzstreuer finden in der Tischmitte Platz.

2 Gekonnt serviert

2.2. Vom einfachen Kuvert bis zum Menü mit fünf Gängen

Ein Kuvert ist ein Tafelgedeck für eine Person. Es besteht aus dem vorgedeckten Besteck, dem großen Messer, der großen Gabel (Grundbesteck) und einer Serviette. Ein Teller wird nur dann eingedeckt, wenn von vornherein feststeht, daß der Gast eine Vorspeise wünscht. Der Deckteller ist nicht mehr gebräuchlich. Ob man ein Kuvert auflegt, dafür sind der Charakter und die Art der Gaststätte maßgebend. In einem Café oder in einem Mehrzweckrestaurant wird darauf verzichtet.
Wir wissen bereits: *Das Kuvert ist das Grundbesteck nebst einer Serviette.*
Je nachdem, welche Speisen der Gast bestellt, muß das Besteck verändert oder ergänzt werden.[1] Die Speisen bzw. ihre Zubereitung sind also ausschlaggebend für die Besteckwahl. Um sie systematisch erläutern zu können, müssen wir von den Hauptgruppen der Gerichte ausgehen; es sind folgende:

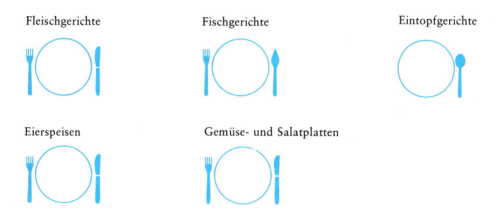

Wird der Teller zum Service eingesetzt, liegen die Besteckteile links und rechts unmittelbar am Tellerrand. Teller und Besteck sollen nicht direkt mit der Tischkante abschneiden.
Fleisch- und Fischgerichte erfordern das entsprechende Besteck. Messer und Gabel werden zu Eierspeisen, die mit Beilagen versehen sind, ebenso eingedeckt wie zu Gemüse- und Salatplatten. Als Beispiele für Eierspeisen stehen hier Setzei mit Spinat und Kartoffeln, Bauernomelett oder Setzei mit Schinken.
Messer und Gabel sollen überhaupt in allen Zweifels- oder Grenzfällen verwendet werden. Das Messer ist nicht nur ein Schneide-, sondern auch ein Schiebegerät, mit dessen Hilfe die Speise auf die Gabel befördert wird.
Eintopfgerichte mit unzerteilter Einlage — Würstchen, Rauchfleisch, Fisch und ähnlichem — erfordern zum Löffel zusätzlich Gabel und Messer oder Fischbesteck.
Unter den tiefen Teller wird kein flacher Teller gesetzt.

---

[1] Vgl. auch Abschnitt 4.2. Der Aufbau der Speisenfolge

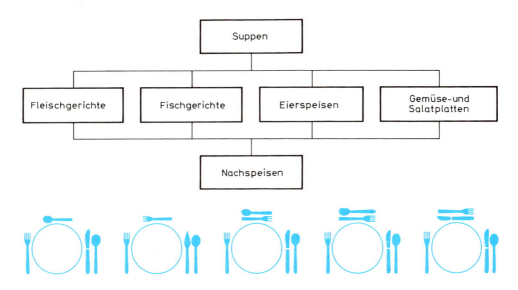

Der flache Teller findet lediglich als *Trageteller* bei den Suppen Verwendung, die bereits von der Küche in tiefe Teller — Suppenteller — gefüllt wurden.

Serviert der Kellner außer dem Hauptgericht eine Suppe, wird der Löffel rechts neben das Messer gelegt. Wenn die Suppe in Porzellantassen angerichtet ist, besteht die Möglichkeit, den kleinen Löffel auf die Untertasse zu legen und somit beides gleichzeitig zu servieren. Allgemein wird vor einem Eintopfgericht keine Suppe verzehrt. In jedem Fall ist es überflüssig, von einer „Vorsuppe" zu sprechen. Die Suppe und der Hauptgang werden durch eine Nachspeise ergänzt. Diese Speisenfolge bezeichnen wir als Gedeck. Die Besteckwahl zur Nachspeise richtet sich nach der Art, dem Umfang und der Anrichteweise.

Kaffeelöffel gehören zu Süßspeisen oder kleinen Kompotten, wie Eis, Eis mit kleinen Früchten, Apfelmus, Kirschkompott, Pflaumen, Preiselbeeren und ähnliches.

Dessert- oder Kuchengabeln sind angebracht bei Kuchen, Torte, Torteletts und ähnlichem.

Kaffeelöffel und Dessertgabel deckt man zum Halbgefrorenen, Eisbecher mit großen Früchten, wie Pfirsich Melba, Birne Helene, sowie zum Obstsalat und zu Scheiben-Ananas ein.

Entremetsbestecke werden zu großen Süßspeisen, wie Eierkuchen, Omeletts, Auflauf, gegeben.

Kleines Messer und Gabel sind bei Käse und frischem Obst üblich. Oft wird zum frischen Obst auch ein kleines Messer genügen, zum Beispiel bei Äpfeln oder Orangen.

Erweitert man das Gedeck auf vier Gänge, so sind die umstehenden Reihenfolgen möglich (Beispiele a und b).

Das Vorspeisenbesteck — kleines Messer und kleine Gabel — findet auf dem Vorspeisenteller seinen Platz. Dekorativer sieht das Tafelgedeck aus, und auch das

Beispiel a

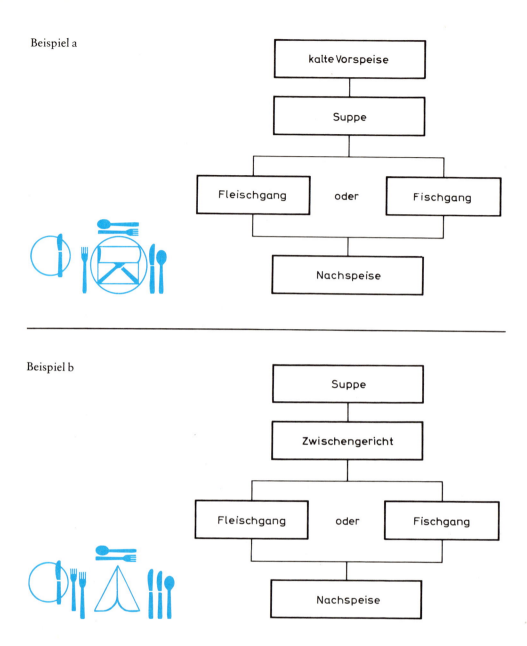

Beispiel b

Besteck hat einen festeren Halt, wenn auf den Teller die Serviette gelegt und in diese das Besteck eingeordnet wird. Da zur Vorspeise und zur Suppe entweder Toast, Brot oder Brötchen serviert werden, ist links ein Brotteller einzusetzen. Wenn man zur Vorspeise Butter vorsieht, gehört auf die rechte Seite des Brottellers ein kleines Messer. Der Vorspeisenteller kann sowohl ein großer flacher als auch ein kleiner Teller sein.
Der Kellner muß sich bei der Wahl des Bestecks nach der Art der Vorspeise richten.

Maßgebend ist, ob es sich zum Beispiel um eine Vorspeise aus Fisch oder – nach der Anrichteweise – um einen Cocktail handelt.[2]

Das Beispiel b zeigt das Auflegen der Bestecke links und rechts neben den gedachten Teller. Hier wird deutlich, daß das Vordecken mit einem Deckteller unrationell für den Service wäre. Allerdings kann das Zwischengericht, das auch als warme Vorspeise bezeichnet wird, ein Entremetsbesteck erfordern.

In einem solchen Fall legt man das aus einem kleinen Löffel und einer kleinen Gabel bestehende Besteck an das des Hauptgangs an, und zwar links die Gabel und rechts

den Löffel. Auf das Eindecken des zweiten Löffels für die Suppe ist wegen des optischen Eindrucks zu verzichten. Man legt ihn, wenn die Suppe in Tassen angerichtet ist, auf die dazugehörige Untertasse oder deckt ihn nach, bevor der zweite Gang serviert wird.

Fünf Gänge innerhalb einer Speisenfolge betrachten wir heute als maximal. Dabei sind wiederum unterschiedliche Reihenfolgen möglich (Beispiel c bis e).

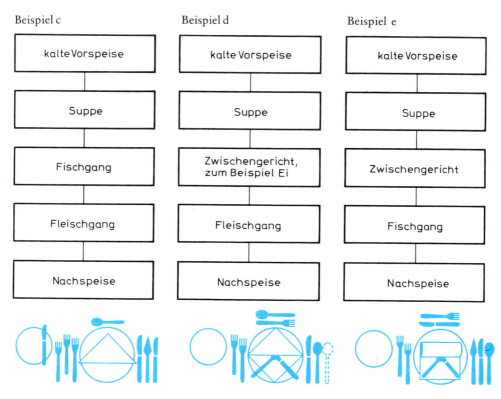

2 Hinweise auf die Besteckwahl für spezielle Speisen und Gerichte findet der Leser im Abschnitt 5.

Das Besteck für die Vorspeise kann auch links und rechts eingedeckt werden, siehe Beispiel c. Den Löffel für die Suppe sollten wir erst nach dem Abräumen der Vorspeise anlegen.

Zusammenfassend und ergänzend sind beim Auflegen der Tafelgedecke folgende zwölf Regeln zu beachten:

1. Der Abstand der Gedecke voneinander beträgt von Gedeckmitte zu Gedeckmitte 70 bis 80 Zentimeter.
2. Ein Teller wird nur eingedeckt, wenn eine Vorspeise bestellt ist. Der Deckteller entfällt.
3. Der übliche Teller für die kalte Vorspeise ist ein kalter, großer flacher Teller. Ist die Vorspeise sehr klein, so ist es angebracht, anstelle des großen nur einen kleinen Teller einzusetzen.
4. Ein Brotteller wird links eingesetzt.
   Ist Butter vorgesehen, wird ein kleines Messer rechts auf den Brotteller gelegt.

6

5. Der Kellner legt das Besteck von innen nach außen auf. Der Gast benutzt das Besteck in umgekehrter Reihenfolge.
6. Teller und Besteck schneiden nicht direkt mit der Tischkante ab.
7. Die zweite Gabel kann in die Höhe des oberen Randes des flachen Tellers geschoben werden.
8. Man legt nicht mehr als drei Bestecke nebeneinander.
9. Zwei Löffel nebeneinander werden ebenfalls nicht eingedeckt (optischer Eindruck).
10. Dem Löffel folgt – außer dem Sonderbesteck – kein Besteckteil.
11. Das Besteck für die Vorspeise kann links und rechts aufgelegt werden oder auf dem Teller beziehungsweise in der Serviette Platz finden. Das Messer dürfen wir nicht unter die Gabel schieben und auch nicht zwischen die Gabelzinken stecken, sondern die Schneide des Messers ist schräg auf die Gabelzinken zu legen.
12. Werden weitere Gänge serviert, ist das entsprechende Besteck während des Servierens nachzudecken.

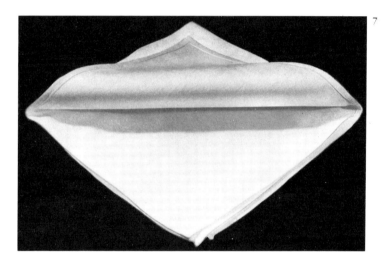

7

2.3. Die Serviettenformen

Zum korrekten Eindecken der Tische oder einer Festtafel gehört die Serviette (Mundtuch). Wichtig ist, daß für alle Reviere eines Restaurants eine einheitliche Serviettenform gewählt wird. Dabei kann die Formgebung der Serviette täglich wechseln. Die abgebildeten Serviettenformen sollen den Leser anregen, erheben jedoch keinen Anspruch auf Vollständigkeit.

Voraussetzung ist, daß die Serviette vom Kellner so wenig wie möglich beim Falten berührt wird; denn eine Hauptforderung heißt *Hygiene*. Gerade deshalb haben sich schlichte, einfache Formen durchgesetzt.

Die im Bild 7 gezeigte Form ist zusätzlich anzuwenden, wenn der Kellner dem Gast Toast reicht. Diese Serviette wird in den Brotkorb oder zumindest auf einen Mittelteller gelegt. Immer ist nur die *erste Webkante* zu heben. Begleicht der Gast im à la carte-Geschäft seine Rechnung, wird ihm diese ebenfalls in der so gefalteten Serviette übergeben.

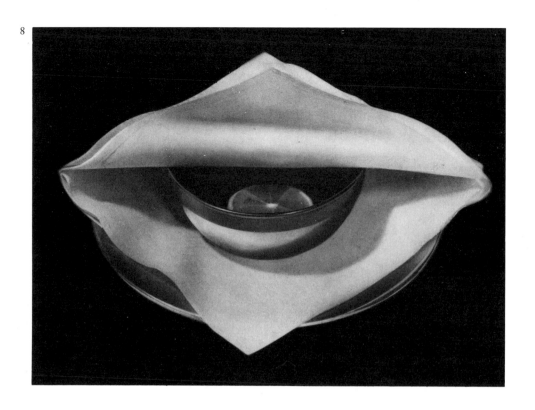

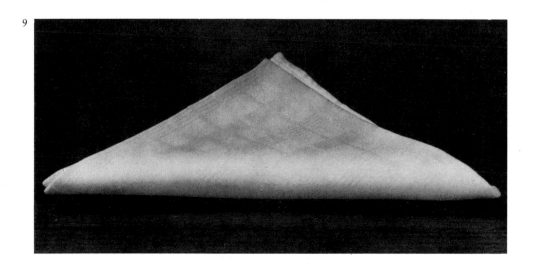

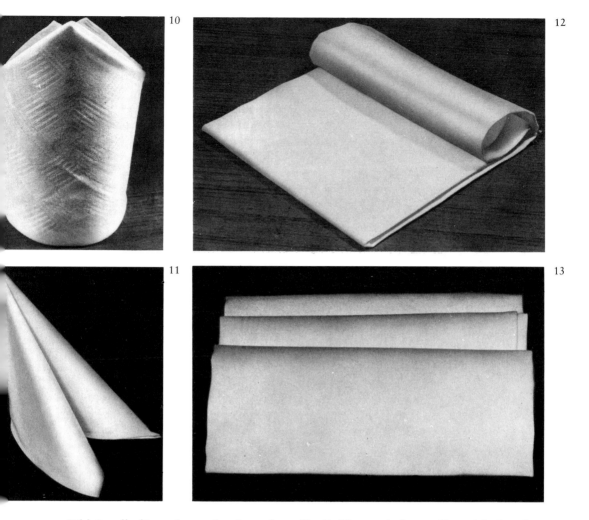

Bild 8 stellt die geeignete Serviettenform für die Fingerschale vor. Sie weicht insofern von der auf Bild 7 gezeigten ab, als die Fingerschale auf den untersten Teil der Serviette gesetzt wird. Hierdurch hat der Gast Gelegenheit, sich an dem obenliegenden Teil der Serviette die Fingerspitzen zu reinigen.

Das Dreieck auf Bild 9 ist wohl eine der einfachsten Gestaltungen. Sehr oft wird sie im Frühstücksservice verwendet. Die zusammengesteckten Längszipfel des Dreiecks ergeben die als Bild 10 wiedergegebene wirkungsvolle Form. Bild 11 zeigt dem Leser eine andere Variante des Dreiecks. Die ausgebreitete und einmal gefaltete Serviette faßt man links und rechts des Mittelbruchs und bringt sie unten an der Webkante zusammen. Das entstandene Dreieck halbieren wir nochmals und stellen es auf.

Die Rundung der einfachen Welle (Bild 12) erhält man auch bei weniger gestärkten Servietten, wenn mit dem Rollen des Mundtuches schon ein bis zwei Zentimeter vor dem Bruch begonnen wird.

Die doppelte Welle zeigt Bild 13. Eine ausgebreitete Serviette wird dreifach zu einem

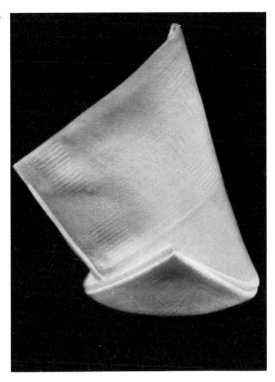

Streifen zusammengelegt. Dieser ist nochmals quer zu dritteln und kurz mit der Hand zu pressen. Jetzt wird das entstandene Viereck wieder in die Lage des Längsstreifens zurückversetzt. Mit beiden Händen erfaßt man die schmalen Seiten der Serviette, bringt sie jeweils bis zum ersten Bruch, schlägt sie nochmals zusammen, faßt wieder außen an und dreht die Hände mit der Serviette von innen nach außen. Dekorativer sieht es aus, wenn wir auf und nicht in die entstandenen Wellen sehen. Nach welcher Seite der offene Bruch zeigt – Webkante – ist gleichgültig; die Servietten sollten aber mit einem Bruch, der einheitlich nach einer Seite offen ist, ausgelegt werden.

Bild 14 stellt dem Leser die „Tüte" vor. Hierzu ist ebenfalls eine in drei Längsteile zusammengefaßte Serviette erforderlich. Ein Drittel davon wird umgeklappt, die linke obere Ecke zur Mitte nach unten gezogen, die rechte untere Ecke auf den linken Zipfel gelegt und beides von innen nach außen hochgeklappt. Am besten ist es, die Serviette bei diesem Vorgang über die Hand zu rollen. Fängt man links an, zeigt das Fähnchen nach der Fertigstellung auch nach links. Wichtig ist hier ebenfalls, daß die Fähnchen einheitlich auf den Tischen oder der Tafel stehen.

2.4. Die Gläserstellung

Bringen wir uns noch einmal in Erinnerung: Jedes Gerät auf dem Tisch hat seinen festen Platz. Das trifft auch für die Stellung der Gläser zu. Wir setzen voraus, daß sie sauber und poliert auf den Tisch kommen. Ein einzelnes Glas wird immer über die Spitze des großen Messers eines Kuverts gestellt. Da die modernen Besteckteile kürzer als die bisher üblichen sind, nimmt man als zweiten Richtpunkt den oberen Rand des großen flachen Tellers.

Der Fußrand des Glases muß an dem Winkelschnittpunkt stehen, wenn man mit einer gedachten Linie das Messer nach oben und den hintersten Punkt des oberen Randes des flachen Tellers nach rechts verlängert. Werden mehrere Gläser eingedeckt, so bestimmen die Reihenfolge des Menüs und die dazugehörigen Getränke die Stellung des jeweiligen Glases. Das ist aus servicetechnischen Gründen notwendig. Gast und Kellner würden manches peinliche Durcheinander anrichten, wenn das Glas zur Vorspeise hinten und das zur Nachspeise vorn stehen würde.

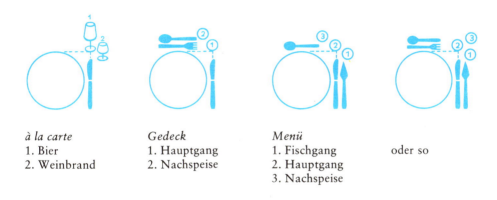

à la carte
1. Bier
2. Weinbrand

Gedeck
1. Hauptgang
2. Nachspeise

Menü
1. Fischgang
2. Hauptgang
3. Nachspeise

oder so

Die Gläser können schräg angeordnet werden. Auch die Dreieckstellung wird gern verwendet. Für welche Form sich der Fachmann entscheidet, hängt vom Gesamtbild der Tafel ab. Das vierte Glas für das Getränk zur Vorspeise deckt man besser nicht vor, sondern serviert es gefüllt.

Zusammengefaßt ergeben sich daraus nachstehende Regeln:

1. Das Glas für das Getränk zum Hauptgang ist immer das Richtglas.
2. Es sind nicht mehr als drei Gläser vorzudecken.
3. Das gefüllte vierte Glas, zum Beispiel Aperitif zur Vorspeise, wird demzufolge gereicht oder eingesetzt.
4. Werden weitere Getränke serviert, muß nachgedeckt werden.

Vor einem Festessen mit einer bestimmten Speisen- und Getränkefolge wird nach den erläuterten Regeln mit dem Eindecken der Servierausstattung begonnen. Ist die Festtafel fertig, und hat der Oberkellner einen letzten kontrollierenden Blick auf das Werk getan, können die Gäste Platz nehmen, und das Servieren von Speisen und Getränken steht unmittelbar bevor (Bild 15 – Festsaal des Hotels „Stadt Berlin").

3. Die Arten des Servierens von Speisen

3.1. Der französische Service

Französischer Service bedeutet:

1. Der Kellner legt die Speise von der Platte auf den eingesetzten Teller des Gastes vor – Vorlegen.
2. Der Kellner „präsentiert" die Platte dem Gast, und dieser bedient sich selbst – Reichen.

16

In beiden Fällen steht der Kellner etwas vorgebeugt an der linken Seite des Gastes. Dabei ist es gleichgültig, ob für einen Gast oder mehrere Personen einer Gesellschaft Speisen vorgelegt oder gereicht werden. Folglich können wir den französischen Service für Speisen an der Festtafel genauso anwenden wie für Gerichte, die der Gast nach der Karte bestellt hat (Bild 16).
Der warme Teller wird dem Gast von rechts eingesetzt. Die gefaltete Handserviette hält der Kellner auf der geöffneten linken Hand. Sie schützt diese nicht nur vor der warmen Platte mit der darauf befindlichen Speise, sondern bedeckt auch den tragenden Unterarm. So vorbereitet trägt der Kellner die Platte. Er muß darauf achten, daß die Garnitur, die in jedem Fall eßbar sein soll, hinten, das heißt auf der dem Kellner abgewandten Seite der Platte, liegt. Sind Nahrungsmittel seitlich aufeinander angerichtet, wie es zum Beispiel bei einigen Fisch- oder Fleischgerichten üblich ist (Fischfilet, Zunge, Schmorbraten, Kalbsbraten und ähnliches), zeigen die Schnittflächen nach vorn. Beim Anrichten und Garnieren der Platten hat die Küche schon auf diese servicetechnisch wichtige Forderung zu achten.
Die Platte wird dem Gast „präsentiert". Mit dem Vorlegebesteck – bestehend aus Löffel und Gabel – legt der Kellner dem Gast von links vor. Hierzu spreizt er die Finger der linken Hand. Dadurch können die Fingerspitzen eine leichte Führung der Platte übernehmen und bei Gerichten mit Soße das Zusammenlaufen der Soße erreichen. Der Handrücken wird leicht auf dem Tisch aufliegen. Außerdem ist der Plattenrand ein wenig über den Tellerrand zu halten, um eventuell abfallende Tropfen der Soße abfangen und einer Verschmutzung der Tischwäsche vorbeugen zu können.

*Die drei Arten
des Vorlegens*

Bild 17 zeigt die normale Haltung des Vorlegebestecks, die bei festen Fleischstücken und ähnlichem sowie bei Gemüse und Beilagen üblich ist. Der Zeigefinger übernimmt die Führung der Gabel.
Bild 18 veranschaulicht das Grätschen des Vorlegebestecks. Diese Methode erleichtert das Vorlegen weicher oder mit einer Garnitur versehener Gerichte. Dafür seien

31

18

als Beispiele angeführt: pochierte Fische, überbackene Speisen, weiche Fleischstücke, aber auch Gemüse, zum Beispiel Spargel.
Bild 19 macht das Umklammern der Speise mit dem Vorlegebesteck, zum Beispiel einer Blätterteigpastete, deutlich. Es ist bei festen, hohen Gerichten zweckmäßig. Auch Tortenstücke und Portionen einer Eisbombe können beim Vorlegen umklammert werden. Allerdings erfordert das einige Übung.
Der französische Service hat weiterhin das Reichen der Speisen zum Inhalt (Bild 20). Der Kellner reicht dem Gast die Platte, und dieser entnimmt sich selbst die gewünschten Speisen.
Fassen wir als Regel zusammen: Von der linken Seite des Gastes werden alle Speisen serviert, die vorgelegt werden. Das trifft auch für Beilagen zu, wie Kartoffeln, Reis, Teigwaren, Gemüse oder Salate. Wenn nicht vorgelegt wird, setzt man Platten und Beilagen desgleichen von links ein und hebt auch von dieser Seite später wieder aus. Das Reichen geschieht ebenfalls von der linken Seite, insbesondere bei gemischten Vorspeisen, Toast und Butter. Diese Methode ist jedoch nicht vorteilhaft, da sie wesentlich mehr Zeit erfordert als das Vorlegen. Gereicht werden jedoch, wenn der Gastgeber es wünscht, Zigarren, Zigaretten, Pralinen und eventuell frisches Obst. Von rechts werden Speisen serviert, die schon von der Küche oder vom Kellner im englischen Service[3] auf dem Teller angerichtet wurden, sowie außerdem sämtliche Nahrungs- und Genußmittel in flüssiger Form. Dazu sind Brühen, Suppen und alle Getränke, das heißt kalte oder warme von Büfett, Bar und Küche, zu rechnen. Sämtliche Gegenstände werden auch wieder von rechts ausgehoben.

3 Vgl. Abschnitt 3.2.

3 Gekonnt serviert

3.2. Der englische Service

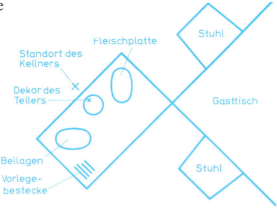

Der Ansatztisch ist das unentbehrliche Hilfsmittel für den englischen Service und gibt dem Kellner die Möglichkeit, Speisen in unmittelbarer Nähe des Gastes vorzubereiten, anzurichten und zu garnieren. Er ist so an den Tisch der Gäste zu setzen, daß der Kellner keine Gänge innerhalb des Restaurants verstellt (Bild 21). Zudem muß den zu bedienenden Gästen Gelegenheit gegeben werden, die einzelnen Arbeitsvorgänge des Kellners zu beobachten. Auf dem sauber eingedeckten Ansatztisch befinden sich rechts oben die dicht zusammengelegten Vorlegebestecke.

21

Die Anwendung des englischen Service ist nicht davon abhängig, ob Speisen für einen einzelnen Gast oder für mehrere Personen einer Gesellschaft angerichtet sind. Der Kellner muß sich der jeweiligen Situation anpassen. Sie kann dadurch charakterisiert sein, daß zu einem Gericht verschiedene Beilagen gehören oder Speisen für mehrere Personen zusammen angerichtet sind. Der englische Service ist außerdem für die Endfertigung bestimmter Speisen am Tisch des Gastes – Anmachen von Marinaden, Anrichten von Vorspeisencocktails und ähnlichem – am zweckmäßigsten. Dazu gehören weiterhin das fachgerechte Filetieren, Tranchieren und Flambieren der Speisen.

Entsprechend der Tragetechnik des Kellners werden zuerst die Beilagen rechts auf dem Ansatztisch abgestellt. Es folgen die Teller. Sofern sie ein Dekor – Monogramm oder Hausmarke – ziert, ist dieses dem Kellner während des gesamten Anrichtens zugewandt. Die Platte mit dem Hauptteil des Gerichts wird auf die linke Seite gesetzt. Sollte sie zum Warmhalten der Speisen mit einer Gloche abgedeckt sein, so ist diese vorher abzunehmen.

Die Platte wird alsdann den Gästen „präsentiert" (Bild 22); denn auch das Auge des Gastes „ißt mit", und die Leistung der Küche soll Aufmerksamkeit beanspruchen können. Ob nun mit oder ohne Gloche gearbeitet wird, in jedem Fall erhält die eng gefaltete Handserviette unter der linken Seite der Platte ihren Platz. Sie gibt der Platte Halt und bewirkt, daß die Soße oder das Fett auf der rechten Seite der Platte zusammenläuft. Das störende, hörbare Zusammenkratzen der Soße entfällt dadurch. Während des Anrichtens steht die Platte aus diesen Gründen nicht auf einer Heizplatte oder dem Tischrechaud.

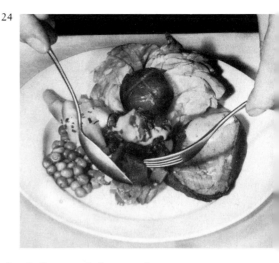

Beim Saucieren der Speisen kann ein Vertropfen der Soße vermieden werden, wenn der Kellner folgendes beachtet: Die Gabel ist im rechten Winkel zum Löffel zu halten. Den Löffel streicht der Kellner auf der Gabel ab. Das Schöpfen der Soße mit dem Löffel, das Abstreichen auf der Gabel und das Saucieren vollzieht man in einem Arbeitsgang (Bild 23).

Bild 24 zeigt die Tranche eines Chateaubriands mit verschiedenem Gemüse. Das Anrichten der Speisen auf dem Teller geschieht in der nachstehend aufgeführten Reihenfolge:

1. Garnitur   — Salat, gegrillte Tomate
2. Fleisch   — eine Tranche Rinderfilet
3. Soße   — Sc. Bearnaise
4. Gemüse   — Spargel, Champignons, Schoten, Bohnen
5. Kartoffeln — pommes frites

Bei dieser Anrichteart können bequem zwei Mitarbeiter am Ansatztisch tätig sein. Da der Teller zentral zwischen der Platte mit dem Fleisch und den Beilagen steht, ist es dem zweiten Kellner oder Lehrling möglich, nachdem die Fleischtranche vorgelegt wurde, die Beilagen anzurichten. Hierbei hat dieser das Farbspiel des Gemüses zu beachten. Beide Kollegen brauchen weder aufeinander zu warten noch sich gegenseitig zu behindern (Bild 25). Während im weiteren Arbeitsverlauf einer der Mitarbeiter die Teller einsetzt, legt der andere vor.

Als Regel wäre zusammenzufassen: Der englische Service erfordert während des Anrichtens das Arbeiten mit beiden Händen. Die Handserviette wird abgelegt. Eine gute und logische Aufteilung der Arbeitsfläche auf dem Ansatztisch beschleunigt das Servieren.

3.3. Der russische Service

Der russische Service umfaßt weniger eine bestimmte Arbeitstechnik, er hat vielmehr die *Art und Weise des Tafeldeckens* (Bilder 26 und 27) zum Inhalt. Eine Festtafel ist mit sämtlichem Zubehör einzudecken (Dekoration, Bestecke, Porzellan, Servietten und Gläser). Als Tafelform eignen sich besonders der große runde Tisch oder auch der Block. Kurze Zeit vor dem Eintreffen der Gäste werden alle kalten Speisen, außer dem Speiseeis, auf die Tafel gesetzt, und zwar: Sakuska (verschiedene kalte Vorspeisen), Salate, kalte Fleischgerichte, Obst, Gebäck, Pralinen und Getränke. Die Gäste bedienen sich selbst. Bei warmen Gerichten innerhalb der Speisenfolge kann man den französischen oder englischen Service anwenden. Die eventuell vorgesehenen Eisschnitten oder -becher als Nachspeise sind zum gegebenen Zeitpunkt den Gästen zu servieren.

28

Es ist auch üblich, im Vorraum oder im Festraum ein Büfett mit kalten Speisen aufzustellen (Bild 28). Die weiterhin vorgesehenen warmen Speisen werden an der Festtafel serviert.

3.4. Die Reihenfolge der Bedienung der Gäste beim Service

Wie serviert wird, versuchten wir in den vorangegangenen Abschnitten – zumindest fürs erste prinzipiell – zu erläutern.
Wo aber mit dem Service zu beginnen ist, wird im folgenden umrissen. Dabei vermögen die Buchstaben den einzelnen individuellen Fall nicht restlos zu klären. Aus diesem Grund führen wir hier nur einige „Faustregeln" an, die besagen, *wem* im Service der Vorzug zu geben ist. Als Leitmotiv möge für den Kellner gelten: In allen Situationen ist dem Gast mit Achtung, Höflichkeit, Takt und Anstand zu begegnen.
Im à la carte-Service hat der Ältere gegenüber dem Jüngeren den Vorrang, ein weiblicher Gast vor dem männlichen. Der Jubilar, der Gast oder Geschäftspartner des Gastgebers erhalten den Vorzug; das trifft ebenso auf den gesellschaftlich Ranghöheren gegenüber dem Rangniederen zu. Komplizierter ist die Frage, wo mit dem Service innerhalb geschlossener Veranstaltungen begonnen wird. Die Antwort enthalten im Prinzip die vorgenannten Regeln, die allerdings im diplomatischen Zeremoniell erheblich abweichen. Weitere Beispiele sollen das näher erläutern. Mit dem Service wird bei dem Ehrengast oder den Ehrengästen einer geschlossenen Gesellschaft begonnen, ganz gleich ob es sich dabei um eine Festtafel oder um eine aufgelockerte Tischordnung handelt. Das gilt sowohl für den Repräsentanten eines fremden Staates als auch für die Präsidiumsmitglieder einer Veranstaltung.
Bei offiziellen Essen sind mitunter begleitende Familienangehörige am Präsidium plaziert worden. Sind zum Beispiel die Ehefrauen der Minister zweier Staaten anwesend, wird nicht ihnen zuerst serviert, sondern dem zu Gast weilenden Minister und dann dem gastgebenden. Hier wird folglich die gesellschaftliche Stellung geehrt. Da bekanntlich nicht allein Männer hohe Ämter bekleiden, sonden ebenso Frauen, wollen wir das geschilderte Beispiel entsprechend abgewandelt verstanden wissen. Der Leser, der noch mehr darüber wissen möchte, sollte sich das „Lexikon für das Gaststätten- und Hotelwesen" aus dem Verlag Die Wirtschaft zur Hand nehmen und dort unter dem Stichwort „Empfang, diplomatischer" nachlesen.
Innerhalb solcher Veranstaltungen bedient der Kellner sowohl nach der Rang- als auch nach der Reihenfolge weiter: zuerst den Jubilar, den Ehrengast, den Präsidenten einer Institution; ihnen am nächsten sitzen – ihrer Stellung gemäß – die ranghöchsten Vertreter. Es ergibt sich zwangsläufig, daß nach dem Ehrengast, dem als ersten serviert wurde, der Reihenfolge nach weiterbedient wird. Hier trifft auch nicht die Regel zu „Erst die Dame, dann der Herr", sondern die Reihenfolge ist mit der Sitzordnung identisch.
Gilt für die auf der Skizze gezeigte Reihenfolge des Servicebeginns die obengenannte Regel, in jedem Rall beim Ehrengast zu beginnen, weicht sie bei den übrigen Gästen (1 bis 8) ab. Hier wechselt der Kellner die Reihenfolge, indem er den ersten Gang des Menüs von Platznummer 1 bis 8, den zweiten von 8 bis 1, den dritten wieder von 1 bis 8 usw. serviert. Dieser Wechsel bezweckt, daß nicht immer derselbe Gast

zuletzt bedient wird und dadurch den Eindruck gewinnt, für die Reste des Menüs zuständig zu sein.
Alle angeführten Beispiele lassen sich auf die Familienfeier sinngemäß übertragen. Bei einer Eheschließung beispielsweise gilt im Grunde alles, was über die Reihen- und Rangfolge sowie über Ehrengäste erläutert wurde (einschließlich der Skizze). Die Einhaltung dieser Normen sollte sich jeder Gastronom zur Pflicht machen. Der für den Service verantwortliche Mitarbeiter wird mit den Gastgebern oder deren Beauftragten alle Einzelheiten, zum Beispiel die Speisenfolge, die Tischdekoration, Tischreden und Protokollfragen, rechtzeitig absprechen. Dabei muß der Kellner auf Grund seines Wissens in der Lage sein, die Gastgeber zu beraten. Das trifft nicht nur darauf zu, wie die Gäste plaziert und bedient werden sollten. Er benötigt über seine Dienstleistungsfunktion hinaus erhebliche Kenntnisse auf dem Gebiet der Ernährungslehre, die es ihm ermöglichen, für die Gastgeber und Gäste Speisen- und Getränkefolgen sinnvoll zusammenzustellen. Darüber wird nachfolgend einiges speziell im Abschnitt 4. erläutert.

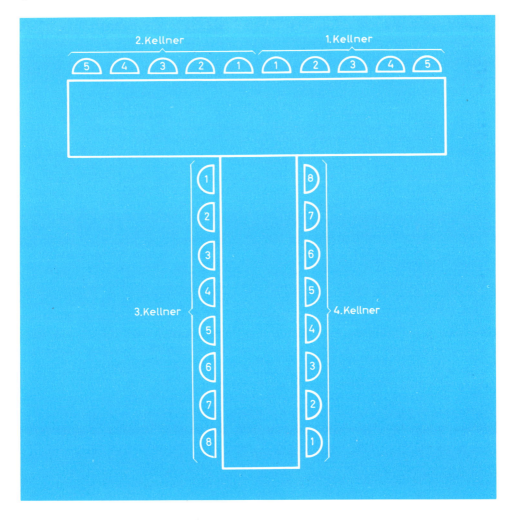

4. Die Garungsarten sowie der Aufbau und die gastronomischen Regeln der Speisenfolge

4.1. Die Garungsarten

Im Laufe der Jahrhunderte verfeinerte der Mensch die Behandlung der Nahrungsmittel immer mehr. Die Nahrungsmittel sind heute roh, also unverändert, mechanisch verändert oder durch Fermentation genußfähig. Andere Möglichkeiten der Garung, Aufbewahrung und Haltbarmachung werden durch Erhitzen, Konservieren oder auch Präparieren (Frosten, Eindampfen, Trocknen, Räuchern, Marinieren, Salzen – Pöckeln, Zuckern – Kandieren) genutzt. Als Forderung steht heute im Sinne einer gesunderhaltenden Ernährung eine *gemischte, vollwertige Kost*.
Rohe Nahrungsmittel sind für den menschlichen Genuß zu einem Teil zu fest und somit unverdaulich. Die Aufgabe des Garens besteht darin, die in den Zellen der Nahrungsmittel befindlichen Nähr- und Ergänzungsstoffe freizulegen. (Eiweißstoffe, zum Beispiel Albumin und Kleber, gerinnen durch Hitze. Stärke verkleistert, und das Fett wird flüssig.) Im Ergebnis sind die Nahrungsmittel besser verdaulich. Durch Würzmittel werden die Speisen geschmacklich variiert. Auch entstehen durch die verschiedenen Garungsarten (Braten, Schmoren, Grillen) Röststoffe.
Die in der Tabelle aufgeführten Garungsarten, in der modernen Küche angewandt, gestalten die Ernährung abwechslungsreich.

Kombination der Nahrungsmittel – gemischte Kost

Die Nahrungsmittel Fleisch, Fisch oder Ei, die entsprechend den Garungsarten vielfältig verändert werden können, sind dann ernährungsphysiologisch vollwertig, wenn das Prinzip einer gemischten Kost angewendet wird. Demzufolge müssen sie durch a) Gemüse und Salate, b) Kartoffeln, Reis und Teigwaren ergänzt werden. Fleisch, Fisch und Ei nehmen einen wichtigen Platz unter den Speisen ein. Ihre Verwendungsmöglichkeiten, verbunden mit den verschiedenen Garungsarten, sind vielseitig variierbar, zum Beispiel:

Fleisch mit Gemüse oder Salat und Kartoffeln,
Fleisch mit Ei, Gemüse oder Salat und Teigwaren,
Fisch mit Salat und Kartoffeln,
Ei mit Gemüse und Reis.

Garungsart	Kurzcharakteristik	Anwendung
Garziehen, Pochieren	Garen in wäßriger Flüssigkeit oder Dampf unter 100 °C, schonende Garungsart	Nahrungsmittel, die wenig Zellulose oder Bindegewebe besitzen; Fleisch, Fische, Gemüse, Klopse, Eier, Teigwaren, Früchte
Kochen	Garen in viel wäßriger Flüssigkeit bei 100 °C (das Nahrungsmittel ist von der Flüssigkeit bedeckt)	Nahrungsmittel, die einen hohen Zellulose- oder Bindegewebegehalt haben; älteres Schlachtfleisch oder Geflügel; Knochen; Hülsenfrüchte; Kartoffeln sowie Eier, Blumenkohl, Spargel
Dämpfen	Garen in Dampf von 100 °C und darüber, Dämpfen in zirkulierendem Dampf = Luftkochen	Kartoffeln, Fisch, Fleisch von jungen Tieren, zarte Fleischteile, Gemüse und Hefeklöße u. ä.
Dünsten	Garen im eigenen Saft oder in wenig wäßriger Flüssigkeit mit und auch ohne Fettzugabe (bei 100 °C), schonende Garungsart	Gemüse, Pilze, Fisch, Fleisch vom Kalb und Lamm
Schmoren	zusammengesetzte Garungsart, beginnend mit scharfem Anbraten bei etwa 200 °C und einige Male wiederholend und ineinander übergehend: mit Flüssigkeit ablöschen, Kochen, Dünsten oder Garziehen und Braten	bindegewebereiche Teile vom Rind, Hammel und Wild (Keule, Blätter, Haxen), älteres Haus- und Wildgeflügel, große Fleischstücke, Gulasch, Ragouts, ganze Fische, gefüllte Paprika
Braten	Garen in wenig, aber sehr heißem Fett (etwa 200 °C) in offener Pfanne	zarte Fleischstücke von Schlachtfleisch, Wild, Fisch sowie Eier, Kartoffeln, Gemüsescheiben
Backen	Garen in trockener Hitze (bis 250 °C) in abgeschlossenem Raum (Backröhre, Pfanne, Topf)	Gebäck aller Art, in Teig gehülltes Fleisch, überbackene Speisen, größere Stücke von Schlachtfleisch, Geflügel oder Wild
Fritieren = Backen im Fettbad	Garen in viel heißem Fett (bei 160 bis 180 °C), Lebensmittel schwimmt im Fettbad	Kartoffeln, kleine Fleisch- oder Fischstücke, Backhuhn, Krapfen, Beignets, Pfannkuchen, Lebensmittel in Backteig
Grillen	Garen in trockener Hitze bei gleichzeitiger Einwirkung von Infrarotstrahlung	Hühner und kleine Fleischstücke von Schlachttieren, Rumpsteaks, Filetsteaks, Koteletts sowie Fische
Garen mit Hochfrequenz	Garen in einem hochfrequenten elektrischen Wechselstromfeld	Geflügel, kleine Teile von Schlachttieren und Wild, Fisch, Gemüse, Auftauen und Erwärmen von Gefrierkost

4.2. Der Aufbau der Speisenfolge

Nach alter Tradition werden die Speisen nach dem Hauptbestandteil eines Gerichts bezeichnet. So umfaßt ein *Fleischgericht* nicht nur die Portion Fleisch, sondern auch Gemüse, Salate und Beilagen.
Zum *Holsteiner Schnitzel* gehören zum Beispiel: Kalbsschnitzel, Spiegelei, verschiedenes Gemüse, Röstkartoffeln, pikant garnierte Croutons[4].
Um die wiedergegebenen Schemata übersichtlich zu gestalten, wird für solche Speisen in allen Fällen zum Beispiel nur *Fleischgericht* eingesetzt. Das findet im übertragenen Sinn auch auf Fischgerichte, Eierspeisen, Gemüse- und Salatplatten Anwendung. Diese Gerichte mit ihren vielen Abwandlungsmöglichkeiten ergeben ein vollwertiges Essen und sind auf der Tages- oder Standardkarte verzeichnet.

Nach der Karte − à la carte − werden bestellt:

Um einen größeren Sättigungsgrad oder auch Nährwert zu erreichen, wird das Hauptgericht durch eine Suppe erweitert. Ob klar oder gebunden, mit oder ohne Einlage, der Vielfalt sind keine Grenzen gesetzt. Vor dem Eintopfgericht wird keine Suppe empfohlen, das wurde bereits erwähnt.[5]

Das Gedeck
Werden die Suppe und der Hauptgang durch eine Nachspeise ergänzt, spricht man von einem Gedeck. Dieser dritte Gang kann bestehen aus:

warmen Süßspeisen	− Omeletts, Soufflés, Krapfen, Beignets,
kalten Süßspeisen	− Eis, Halbgefrorenes,
Obst	− frisch oder konserviert,
Gebäck	− meist gemeinsam mit Kaffee,
Käse	− als Nachspeise bei uns seltener in einem Gedeck üblich.

Die Speisenfolge mit vier Gängen
Das Gedeck wird durch eine kalte oder warme Vorspeise auf vier Gänge erweitert. International und entsprechend den ernährungsphysiologischen Erkenntnissen ist es üblich, die kalte Vorspeise vor der Suppe, die warme Vorspeise dagegen nach der Suppe zu servieren. Die warme Vorspeise kann demzufolge als ein Zwischengericht betrachtet werden.

---

4 In Butter geröstete Weißbrotscheiben
5 Vgl. Abschnitt 2.2.

Das Festmenü mit fünf Gängen

Das Festmenü mit fünf Gängen entspricht höchsten Anforderungen. Nur selten wird diese Anzahl überschritten. Innerhalb des Festmenüs folgt dem Fisch- der Fleischgang. An Stelle des Fischgerichts kann auch eine Eierspeise empfohlen werden. Beliebt sind Omeletts mit Kräutern, Pilzen oder Fleisch sowie pochierte Eier mit entsprechenden Beilagen oder Garnituren.

Schließlich ist es möglich, den Fleischgang fortfallen zu lassen. An seine Stelle tritt der Fisch als Hauptgang.[6] Dafür kann auch fetter Fisch, wie Aal oder Karpfen, empfohlen werden. Als Hauptgang wird Fisch gebraten, gebacken oder in anderen Garungsarten angeboten.

Mehr als fünf Gänge

Der Aufbau der Speisenfolgen über fünf Gänge hinaus wird hier lediglich geschildert, um weitere Variationsmöglichkeiten zu zeigen. Gleichzeitig ist dargelegt, wo die einzelnen Speisen einzuordnen sind. Wie schon erwähnt, wünschen die Gäste heute überwiegend nur ein Hauptgericht.

1 kalte Vorspeise		
2 Suppe		
3 Fischgang		
4 Fleischgang		
5 Süßspeise	5 Gemüsegang	5 Zwischengericht
6 Käse	6 Süßspeise	6 Bratengang
7 frisches Obst	7 Käse	7 Gemüsegang
	8 frisches Obst	8 Süßspeise
		9 Käse
		10 frisches Obst

Folglich wird entweder der Hauptfleischgang – Schlachtfleisch oder Wild – oder der Bratengang – Haus- oder Wildgeflügel – serviert. Der Gemüsegang – Edelgemüse – und Salate sind meist mit dem einen oder anderen Gang verbunden. Die Garnituren und Beilagen sind so vielseitig, daß praktisch Teile verschiedener Gänge in einem Gericht vereinigt sind.

---

6 Siehe Beispiele im Abschnitt 2.2.

4.3. Gastronomische Regeln für das Aufstellen von Speisenfolgen

Die Regeln für das Aufstellen von Speisenfolgen beruhen auf Erfahrungen früherer Generationen. Sie sind schon oft in ausführlicher Form in Fachbüchern beschrieben worden. Veränderungen ergeben sich hauptsächlich durch neue Erkenntnisse auf dem Gebiet der gesunderhaltenden Ernährung. Um ein Menü fachgerecht zusammenstellen zu können, ist es erforderlich, bestimmte gastronomische Regeln zu beachten:

Der Anlaß des Essens

Oft wird es sich um Feierlichkeiten handeln, die in einem bestimmten Rahmen stattfinden. So können ein Empfang hoher Persönlichkeiten, ein bedeutsamer Geschäftsabschluß, eine Eheschließung oder ein Jubiläum der Anlaß sein. Andere Möglichkeiten sind ein Richtfest oder ein Jagdessen. Der teilnehmende Personenkreis muß bekannt sein. Das Wissen über Anlaß und Personenkreis bildet die Grundlage für die gesamte Absprache. Findet ein Essen während einer Tagung statt, wird man leichte Speisen und aus zeitlichen Gründen nicht mehr als höchstens drei Gänge empfehlen.

Nach dem Anlaß und dem teilnehmenden Personenkreis richten sich ebenfalls die Auswahl des Personals, die Ausgestaltung des Raumes, die Tafelform, die Tischdekoration, die eventuellen musikalischen Darbietungen und die Veranstaltungsmeldung. In unmittelbarem Zusammenhang damit sind zu beachten:

Die Sitten und Bräuche

Die Eßgewohnheiten ausländischer Gäste müssen berücksichtigt werden. So essen Gäste aus der Sowjetunion und aus Polen sowie die Bulgaren, Rumänen und Jugoslawen zu ihren Hauptmahlzeiten gern gekochtes Fleisch, dazu Gemüse und Salate. Weiß- oder Graubrot in dicken, halbierten Scheiben sollte auf keinen Fall fehlen. Sehr gern werden Suppen oder Brühen verzehrt. Letzteres gilt auch für die Ungarn und Tschechoslowaken. Beide lieben es, wie auch die Österreicher, nach dem Essen eine Süßspeise zu sich zu nehmen. Omeletts, Schmarren, Torten oder Dessertschnittchen, verbunden mit einer Tasse starken Kaffee, sind ihnen angenehm. Dem französischen Gast sollte unbedingt Weißbrot oder Brötchen zu seinen Mahlzeiten angeboten werden, auch wenn er dies nicht ausdrücklich betont. Edelgemüse oder frische Salate bilden neben pikant gewürzten Fleisch- oder auch Fischgerichten und gebackenen Kartoffeln den Hauptteil der Speisenfolge. Der französische Gast zieht meist Rotwein dem Weißwein vor.

Die Belgier und Holländer essen gern gut. Dabei sollte die Portion nicht zu klein sein. Starken Kaffee wissen sie zu jeder Tageszeit zu schätzen.

Die Schweizer Bürger passen sich auf ihren Reisen mit Vorliebe den jeweiligen Landessitten an. Sie ziehen die Qualität der Quantität in der Menüzusammenstellung vor.

Auch die nordischen Gäste, zum Beispiel Dänen, Norweger und Schweden, lassen sich vom Kellner mehr als die Gäste aus anderen Ländern die Speisen empfehlen. Engländer und Amerikaner sind es gewohnt, sich zu ihrer Hauptmahlzeit frisch gerösteten Toast und Butter servieren zu lassen. Frisches Obst als Vor- oder Nachspeise findet immer Anklang. Sowohl den Nord- als auch den Südamerikanern ist klares, eisgekühltes Wasser anzubieten.

Selbst bei uns gibt es zum Teil noch besondere Eßgewohnheiten, zum Beispiel den Osterlammbraten, die Weihnachtsgans oder den Silvesterkarpfen, denen die Speisenfolgen angepaßt sein können.

Religiöse Eigenheiten üben einen erheblichen Einfluß auf die Eßgewohnheiten aus. So lehnen die Mohammedaner — also die Mehrzahl der Gäste aus den arabischen Staaten — Schweinefleisch ab, weil es ihnen als unrein gilt. Hammel-, Rind- und Kalbfleisch lassen jedoch ein genügend großes Angebot zu. Kompliziert ist das Zusammenstellen eines Menüs für Gäste aus dem indischen Raum. Nur nach Befragen kann der Kellner ein Menü zusammenstellen. Geschichtlich bedingt ist die Zugehörigkeit eines Volksstammes zu einer der vielen Religionen — Brahmaismus, Buddhismus, Hinduismus, Islam, um nur die wichtigsten aufzuzählen. Oft wünschen die Gäste kein Schweine- oder Rindfleisch, andere lehnen Fleisch überhaupt ab und genießen lediglich Milch und ihre Nebenprodukte sowie Hühnereier. Zum Teil verzichtet man auch darauf und bevorzugt pflanzliche Nahrungsmittel. Die Deutsche Demokratische Republik hat viele ausländische Gäste. Der Kellner wird fast immer vom begleitenden Reiseleiter die benötigte Auskunft bezüglich des Essens erhalten, da dieser durch persönliche Gespräche die Wünsche des von ihm betreuten Personenkreises am besten kennt.

Ernährungswissenschaftliche Erkenntnisse

Ein festliches Menü kann bis zu 50 Prozent des Tagesbedarfs der für den Körper notwendigen Stoffe — Eiweiß, Fett, Kohlenhydrate, Vitamine, Mineral- und Ergänzungsstoffe — aufweisen. Um den Magen jedoch mit der Vielzahl der Speisen bei einem umfangreichen Menü nicht zu überlasten, ist es erforderlich, die à la carte-Portionen mengenmäßig wenigstens auf die Hälfte zu reduzieren. Das ist vernehmlich vom Standpunkt einer gesunderhaltenden Ernährung aus, aber auch aus volkswirtschaftlicher Sicht zu fordern. Auch sollten die kalten Speisen in einem Menü nicht fehlen, so zum Beispiel die Vorspeise oder das Dessert, sie bilden eine harmonische Abrundung der Speisenfolge.

Die Jahreszeiten

Auf das saisonbedingte Angebot sollte jeder Gastronom Obacht geben. In der Vegetationsperiode wird frisches Gemüse reichlich angeboten, häufig ist es in sehr großen Mengen auf dem Markt. Hühnereier sind im II. und III. Quartal mehr als sonst verfügbar. Ist die Jahreszeit fortgeschritten, so konzentriert sich der Verbrauch stärker auf Konserven und tiefgefrorene Nahrungsmittel.

Darüber hinaus sollte die Schonzeit bei Wild und Wildgeflügel beachtet werden, obwohl auch hier das ganze Jahr über Tiefgefrorenes verarbeitet werden kann.

Die Grundstoffe

Bei der Zusammenstellung einer Speisenfolge ist darauf zu achten, daß sich kein Grundstoff wiederholt.

Zumindest ist es unaufmerksam, dem Gast für ein Menü zweimal das gleiche Fleisch oder den gleichen Fisch vorzuschlagen. Dafür, wie es nicht sein sollte, einige Beispiele:

a)	b)	c)
Rindfleischsalat	Geflügelsalat	Fischmayonnaise
Ochsenschwanzsuppe	Geflügelcremesuppe	Fischsuppe
Rumpsteak	Brathuhn	Fischfilet

Umgekehrt darf die Grundstoffwiederholung nicht zu eng begrenzt werden, zum Beispiel bei der Kartoffel: Hier besteht die Möglichkeit, mit einer der vielen Zubereitungsarten zu variieren.

Das Farbenspiel

Durch die Wahl der Grundstoffe sowie der Zubereitungsarten muß ein Wechsel der Farbe erreicht werden. Auch auf die Anrichteweise und die Garnitur ist – wie bereits erwähnt – zu achten, denn das Auge „ißt mit".

Die Zubereitungsart

Innerhalb einer Speisenfolge müssen die Garungsart und die Garnitur gewechselt werden. Ein schlechtes Beispiel wäre folgede Zusammenstellung:

Ragout fin	= überbacken, Garnitur = Zitrone
Fischfilet gratiniert	= überbacken, Garnitur = Zitrone
Kalbssteak au four	= überbacken, Garnitur = Zitrone

Diese Speisenfolge ist keinem Gast zuzumuten.

Technische Möglichkeiten

Ein Menü bedarf einer geraumen Zeit der Herstellung; es muß von qualifiziertem Personal vorbereitet werden. Hierzu sind bestimmte Voraussetzungen notwendig: Einrichtungsgegenstände, Platten, Porzellan, Bestecke, Gläser. Erst ihr Vorhandensein gewährleistet einen normalen, reibungslosen Ablauf – Anrichten und Service – des Essens. Wesentlich ist weiter, ob ein Menü innerhalb des Restaurants, also in den eigenen Räumen, oder im Haus des Gastgebers serviert werden soll. Vor Übernahme einer solchen Aufgabe – Service im Haus des Gastgebers – muß gründlich geprüft werden: Welche Möglichkeiten sind dort für die Endfertigung des Menüs vorhanden? Welche Gegenstände müssen aus servicetechnischen Gründen vom Gaststättenbetrieb bereitgestellt werden? Sind die Transportfragen geklärt?

4.4. Gastronomische Regeln für die Getränkewahl

Zu einem Essen gehört das entsprechende Getränk. Bei festlichem Anlaß können es mehrere und besonders ausgewählte Getränke sein. Für ein Festmenü werden bis zu vier Weine oder andere Getränke serviert.

Für alle diese Gelegenheiten ist die sichere und erläuternde Beratung des Gastgebers oder des Gastes durch den Kellner unumgänglich. Als Hilfe für diese verantwortungsvolle Aufgabe des Kellners sollen die nachfolgenden zehn Regeln gelten. Sie sind eine Einheit. Deshalb sollte der Kellner nicht etwa eine willkürlich herausgreifen, sonst käme er zu falschen Schlußfolgerungen.

Die zehn Regeln beziehen sich überwiegend auf Wein (Rot-, Weiß-, Dessert- oder Schaumwein) und Spirituosen. Selbstverständlich ist es auch möglich, andere alkoholhaltige oder alkoholfreie Getränke anzubieten. Im Kapitel 5 findet der Leser für jede Speise die passende spezielle Getränkeempfehlung.

Gastronomische Regeln für die Getränkewahl

- Für ein Festmenü hat es sich eingebürgert, bis zu vier Weine oder andere Getränke zu servieren.
- Mit leichten Weinen wird ein Menü begonnen, mit schweren Weinen beendet. Zu schweren Speisen schwere Weine, zu leichten Speisen leichte Weine.
- Auserlesene Speisen erfordern vorzügliche Weine.
- Zu herben oder scharfen Speisen eignen sich nur trockene Weine.
- Dunkle Speisen harmonieren am besten mit Rotwein, dagegen helle Speisen mit hellem Wein.
- An Stelle des Weines können wir am Anfang des Menüs einen Edelbranntwein oder einen Cocktail servieren.
- Trockener Dessert- oder Schaumwein kann zu Beginn des Menüs empfohlen werden.
- Süßspeisen verlangen süßen Wein (auch Schaumwein).
- Die Qualität der Weine muß sich im Menü steigern.
- Die richtige Temperatur der Getränke ist entscheidend für den Wohlgeschmack.

Das Lexikon für das Gaststätten- und Hotelwesen definiert „Wein" wie folgt: „– durch alkoholische Gärung von naturreinem Saft frischer Weintrauben erzeugtes Getränk, wobei man nach Farbe und Alkoholgehalt zwischen Weiß-, Rot-, Dessert- und Schillerweinen unterscheidet, die jeweils aus mehreren Rebsorten gewonnen werden. Zur Behebung eines natürlichen Mangels an Zucker bzw. zum Mindern eines Übermaßes an Säure ist es nach den einschlägigen gesetzlichen Bestimmungen erlaubt, Weine zu verbessern und zu verschneiden..." Durch klimatische Verschiedenheit der einzelnen Jahre bedingt, ergeben sich bei den Weinen voneinander abweichende Qualitätsmerkmale. Deshalb ist die Wahl der Weine eine Sache der Erfahrung.[7]

Als Spirituose bezeichnet das genannte Lexikon ein „Getränk, in dem das durch Destillation aus zuckerhaltigen und vergorenen Rohstoffen gewonnene Äthanol enthalten ist".[7]

Der Gaststättenkultur und dem einwandfreien Service muß zugerechnet werden, den Gästen die Getränke stets in der richtigen Temperatur anzubieten. Bezüglich der Temperatur gibt es bei den Gastronomen nicht immer voll übereinstimmende Auffassungen. Trotzdem kann die umstehende Abbildung, die in Form eines Thermometers gezeichnet wurde, als Hilfe für den Leser dienen, wenn sie auch von den subjektiven Erfahrungen der Autoren, die mit der verfügbaren Fachliteratur verglichen wurden, ausgeht.

---

[7] Mehr darüber im Lexikon für das Gaststätten- und Hotelwesen, Verlag Die Wirtschaft, Berlin 1978 unter den genannten Stichworten.

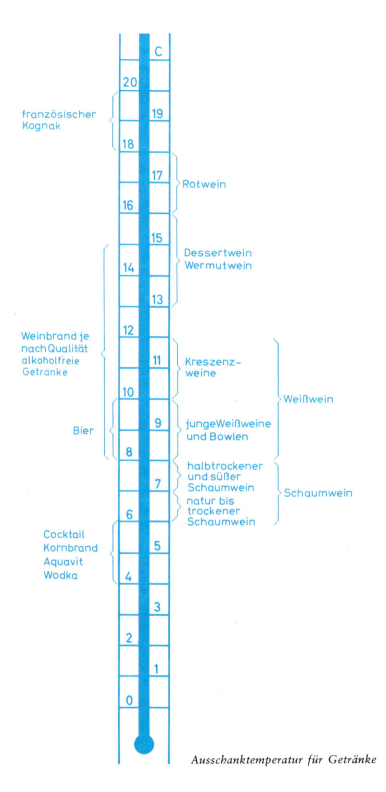

Ausschanktemperatur für Getränke

5. Der Service von Speisen
(einschließlich fachkundlicher Hinweise)

Dieser Abschnitt, der das Hauptanliegen des Buches enthält, macht den Leser mit den Gängen eines umfangreichen Menüs in allen Einzelheiten vertraut. Nacheinander werden die Vorspeise, die Suppe, das Zwischengericht, der Fischgang, der Hauptfleischgang, der Gemüsegang, die Süßspeise, der Käsegang und das Obst ausführlich in speziellen Abschnitten behandelt. Hinzu kommen jeweils Angaben über die ernährungsphysiologische Bedeutung der Speisen, die Besteckwahl, den Getränkeeinsatz und den Service.

Der ernährungsphysiologische Wert der einzelnen Menüteile läßt ihre Bedeutung für den menschlichen Körper erkennen. Dabei sind Nährstoff-, Mineralstoff- und Vitamingehalt zu berücksichtigen. Im Zusammenhang damit orientieren wir den Leser gleichzeitig über die Zubereitungs- und Anrichteweise der verarbeiteten Grundstoffe. Darüber hinaus werden für die einzelnen Gerichte die passenden Getränke empfohlen.

Die Ausführungen über den Service enthalten nicht nur das richtige Eindecken der Bestecke, das Einsetzen der Speisen oder die Technik ihres Vorlegens, sondern auch das Zerteilen von Fleisch- und Fischgerichten – Tranchieren, Filetieren –, das Abbrennen verschiedener Süßspeisen – Flambieren – sowie die Endzubereitung einzelner Gerichte, zum Beispiel Anmachen von Marinaden, Abziehen von Schaschlyk am Ansatztisch vor den Augen der Gäste.

Im Interesse des Kellners, der seinen Gästen ein guter Ratgeber sein sollte, werden die Rohstoffe und Fertigprodukte, die größeres Fachwissen erfordern, ebenfalls warenkundlich vorgestellt.

5.1. Die Vorspeisen

Die Vorspeisen haben die Aufgabe, dem Gast Appetit zu machen und den Verdauungsprozeß einzuleiten. Sie bereiten den Körper auf die bevorstehende Nahrungsaufnahme vor. Dazu sollten Vorspeisen pikant und würzig abgeschmeckt sowie formschön und zweckentsprechend angerichtet sein. Die Sinnesorgane werden mittels des vegetativen Nervensystems zum Genuß von Speisen angeregt. Die Vorspeisenportion kann deshalb recht klein sein; denn sie soll nicht sättigen.

Als *Vorspeisen* kennen wir:

Gemüse- und Rohkostsalate,	Würzbissen,
Salate,	Räucherwaren,
Mayonnaisen,	Pasteten,
Gelee- und Aspikgerichte,	Weich- und Krustentiere sowie
Eier,	Kaviar.

An die erste Stelle der Vorspeisen setzen wir bewußt Gemüse- und Rohkostsalate.

5.1.1. Gemüse- und Rohkostsalate

Die Erkenntnisse der neuzeitlichen Ernährung sind darauf gerichtet, den menschlichen Körper gesund und widerstandsfähig zu erhalten. Die vielfältigen Möglichkeiten für die Herstellung von Gemüse- und Rohkostsalaten garantieren über das gesamte Jahr, den Körper mit den notwendigen Vitaminen und Mineralstoffen versorgen zu können. Es ist eine verantwortungsvolle Aufgabe des Küchen- und Servierpersonals, im Sinne einer gesunderhaltenden Ernährung auf den Gast Einfluß zu nehmen.

Eine zum à la carte-Gericht gehörende Salatbeilage — vorher serviert — regt den Gast meist dazu an, diese schon vor anderen Teilen des Gerichts zu verzehren. Folglich wendet der Gast die ernährungsphysiologischen Erkenntnisse bewußt oder unbewußt richtig an.

Durch die Zubereitung — Marinieren — werden Salate nicht nur geschmacklich verbessert, sondern zugleich bewirkt man ein Freiwerden der fettlöslichen Vitamine. Bei Verwendung von Zitronensaft reichert der Koch oder der Kellner den Salat mit Vitamin C an. Verschiedene Kräuter, wie Dill, Petersilie, Lauchgewächse, werten durch ihre basenüberschüssigen Mineralstoffe den Salat ebenfalls auf.

Für die Zubereitung von Gemüse- und Rohkostsalaten dienen folgende Grundstoffe:

Rohkostsalate	*Gemüsesalate*
Chicorée	Bohnen, grün
Endivie	Blumenkohl
Gurken	Möhren
Kopfsalat	rote Rüben
Möhren	Schoten
Paprika	Sellerie
Radieschen	Spargel
Rotkohl	
Rapunzel	
Tomaten	
Weißkohl	

Man bereitet Gemüse- und Rohkostsalate als Einzelportionen, serviert sie aber auch als gemischte Salate oder Salatplatten.

Besteckwahl

Beim Service von Gemüse- und Rohkostsalaten als selbständige Gerichte werden das kleine Messer und die kleine Gabel eingedeckt. Für Salat als Beilage genügt eine kleine Gabel.

Frische, vor allem grüne Salate sind stets erst im letzten Moment anzurichten. Sie müssen sauber, gut abgetropft und gut gekühlt vorbereitet sein. Das Anrichten oder Zurechtmachen ist in den meisten Fällen die Aufgabe des Personals der Küche. Jedoch ist es auch möglich, daß die Arbeit von einem Kellner am Tisch des Gastes vorgenommen wird (Bild 29). Die dazu benötigte Marinade oder Soße kann aus den nachstehenden Zutaten bereitet werden:

a) Essig oder Zitronensaft, Öl, Pfeffer und Salz, auf Wunsch Zucker;
b) Essig oder Zitronensaft, Öl, Salz, Pfeffer, Senf;
c) saure Sahne, Pfeffer, Salz, Schnittlauch;
d) Joghurt, Paprika, Salz, Dill;
e) Essig oder Zitronensaft, Öl, Salz, Pfeffer oder Paprika, hartgekochtes, gehacktes Ei und Zwiebeln;
f) mit Weißwein verdünnte Mayonnaise oder Remoulade mit oder ohne Senf;
g) Mayonnaise, Tomatenketchup, Salz, Worcestersauce.

Die Marinade wird in einer entsprechend großen Salatschüssel verrührt und abgeschmeckt. Die vorbereiteten Salatblätter sind mittels des Vorlegebestecks gut mit der Marinade zu vermischen. Den fertigen Salat legt man sofort auf den bereitgestellten kleinen Tellern (ohne Glasteller) vor und setzt diese ein (Bild 30).

5.1.2. Salate und Mayonnaisen

Salate

Die Salate können aus den verschiedensten Grundstoffen hergestellt werden, zum Beispiel Fisch, Fleisch von Schlachttieren, Geflügel, Eier, Gemüse, Weich- und Krustentiere. Sie bestehen aus einem Hauptrohstoff und passenden Nebenrohstoffen, die mit Gewürzen und einem Bindemittel vervollkommnet werden. Bindemittel sind zum Beispiel Mayonnaise, Remoulade, Tomatenketchup sowie saure oder süße Sahne.

Besteckwahl

Da Salate sehr oft mit Brot und Butter serviert werden und auch größere Fleischstücke enthalten, die man noch schneiden muß, sind als Besteck das kleine Messer und die kleine Gabel einzudecken.

Mayonnaisen

Die Mayonnaise ist die Grundsauce der kalten Küche. Mayonnaise besteht aus Eigelb, Öl und Würzmitteln (Essig, etwas Salz, evtl. Senf). Ein Rohstoff, der mit Mayonnaise und einer Garnitur versehen ist, wird ebenfalls als Mayonnaise bezeichnet, wobei der Name des Rohstoffes ausschlaggebend ist. Bekannt sind zum Beispiel Hummer-, Langusten-, Krebsschwanz-, Krabben-, Fisch- oder Geflügelmayonnaise.

29

30

Besteckwahl

Eingedeckt werden für Geflügelmayonnaise das kleine Messer und die kleine Gabel. Für alle Rohstoffe, die dem Wasser entstammen, benutzt man ein Fischbesteck. In Zweifelsfällen werden immer das kleine Messer und die kleine Gabel verwendet, da das Messer nicht nur ein Schneide-, sondern auch ein Schiebegerät ist.

Getränkeeinsatz

Als Getränke zu Salaten und Mayonnaisen eignen sich am besten trockene Dessertweine (hoher Alkoholgehalt, niedriger Zuckergehalt) und scharfe Spirituosen, wie Wodka, Aquavit oder Weinbrand.

5.1.3. Würzbissen

Als Würzbissen werden kleine pikante Fischhappen bezeichnet. Dazu gehören Sardinen, Sardellen, Gabelbissen, Heringe – verschieden zubereitet –, Thunfisch in Öl oder Gemüse sowie Fisch in diversen Saucen. Sie können einzeln, aber auch zusammengestellt als Schwedenplatte angerichtet und serviert werden.

Besteckwahl

In jedem Fall sind das kleine Messer und die kleine Gabel einzudecken.

Getränkewahl

Angewendet wird hier die Regel: „Zu scharfen Speisen – scharfe Getränke", zum Beispiel Wodka, Aquavit, Weinbrand oder trockene Cocktails.

5.1.4. Räucherwaren

Der Vollständigkeit halber sollen die Räucherwaren aufgeführt werden. Sie eignen sich mehr als selbständige Gerichte, weniger aber als Vorspeise eines Menüs (ausgenommen Lachs und Aal). Auf Grund ihres oft hohen Fettgehaltes und der Räucherung sind sie sehr schwer verdaulich. Angeboten werden Lachs, Lachshering, Aal, Stör, Flundern sowie verschiedene Butte.

Besteckwahl

Durch ihre oft feste Konsistenz bedingt, werden die Räucherwaren mit kleinem Messer und kleiner Gabel serviert.

Getränkeeinsatz

Zu diesen Gerichten eignen sich ebenfalls scharfe Getränke (Trinkbranntweine).

5.1.5. Gelee- und Aspikgerichte

Gelee- und Aspikgerichte sind gekochte, pochierte oder gedämpfte Fleisch- bzw. Fischstücke, die in einer Form mit gelierfähiger, dem Rohstoff angepaßter, geklärter, kräftiger Brühe ausgegossen werden. Durch Zugabe von Gelatine wird die Gelierfähigkeit erhöht. Alle Gelee- und Aspikgerichte werden mit Wein abgeschmeckt und mit einer Garnitur versehen. Nach dem Erkalten kann die Form mit dem Inhalt bequem gestürzt und damit zum Service vorbereitet werden. Einige Gerichte sind Aal, Krebse oder Krabben in Gelee sowie Aspike aus Fleisch von Schlachttieren oder Geflügel. Gelee- und Aspikgerichte sind durch ihren feinen, herben Geschmack nicht nur appetitanregend, sondern in der warmen Jahreszeit auch erfrischend und daher sehr beliebt.

Besteckwahl

Für Gelee- und Aspikgerichte aus Fisch oder Krustentieren wird, da sie pochiert oder gekocht und daher weich sind, das Fischbesteck eingesetzt. Aspikgerichte aus Fleisch von Schlachttieren oder Geflügel sind fest und müssen mit kleinem Messer und kleiner Gabel serviert werden.

Getränkewahl

Als Getränk wird ein leichter, säurebetonter, spritziger Weißwein bevorzugt.

5.1.6. Eier

Als Eier werden Hühnereier gehandelt und in Gaststätten angeboten. Darüber hinaus schätzt auch der Gast Wachteleier als Spezialität. Das Ei hat große Bedeutung in der Küche. Zu Unrecht wird es oft noch als untergeordneter Rohstoff betrachtet. Aus ihm lassen sich jedoch viele pikante Kleinigkeiten herstellen. Eier werden gekocht, mit verschiedenen Garnituren, wie Sardelle, Hering, Krebsschwänze oder Kaviar, auf Porzellan angerichtet und serviert. Am häufigsten findet das gekochte Ei aber in der Gruppe der Vorspeisen als Garnitur – in Achtel oder Scheiben geschnitten – Verwendung.

Besteckwahl

Eierspeisen als kalte Vorspeisen werden mit kleinem Messer und kleiner Gabel serviert.

Getränkewahl

Als Getränk können Wodka und Edelbrände sowie Cocktails empfohlen werden.

5.1.7. Pasteten

Pasteten bestehen aus einer Fleisch-, Geflügel- oder Leberfarce mit verschiedenen Zutaten, zum Beispiel Pilzen oder Leber sowie Gewürzen, und können in bestimmten Formen zubereitet werden:

a) Die *Terrine* ist eine runde Form, in der eine geeignete Rohstoffarce mit der Einlage im Wasserbad gegart wird.
b) Die *Krustenpastete*, eine abgeschmeckte Fleischfarce, wird mit einer Teighülle umgeben und in trockener Hitze gebacken.

c) Die *Galantine oder Rollpastete* ist eine Fleischrolle; sie wird mit Farce gefüllt und dressiert, im Wasserbad gegart und nach dem Erkalten zum Service vorbereitet.

d) Das *Schaumbrot*, eine gegarte Fleisch-, Fisch- oder Geflügelfarce, wird im Mörser total zerkleinert und durchgestrichen, mit der entsprechenden Sauce versetzt, kräftig gewürzt und mit Schlagsahne und Gelatine oder Aspik vermischt in eine Form gebracht. Nach dem Erstarren kann das Schaumbrot bequem gestürzt und zum Servieren vorbereitet werden.

Parfait von Gänseleber

Als ganz besondere Spezialität ist die Gänseleberpastete beliebt. Die Lebern einiger Mastgänse werden abgezogen und in Dessertwein (Madeira) mariniert. Die gewürzten Lebern gelangen alsdann in eine Form, um sie mit Trüffeln zu garnieren und zu pressen. Anschließend gart man das Ganze im Wasserbad. Nach dem Abkühlen wird die Form gestürzt, das Parfait in Tranchen geschnitten und zum Service angerichtet.

Besteckwahl

Pasteten sind mit kleinem Messer und kleiner Gabel zu servieren.

Getränkewahl

Als Getränke können Weinbrand und trockener Dessertwein sowie Cocktails empfohlen werden.

Die Blätterteigpastete und der Vol-au-vent (große Hohlpastete) zählen zu den warmen Zwischengerichten. Daher werden sie im Abschnitt 5.3. behandelt.

5.1.8. Delikatessen

Die Feinkost aus dem Tierreich ist zum größten Teil den Seen, Flüssen und Meeren entnommen. Durch Seltenheit, Mißerfolge bei Züchtungen, Fang- und Transportkosten bedingt, entsteht ein relativ hoher Preis. In ihrer Gesamtheit sind diese Delikatessen jedoch sehr begehrt. Sie enthalten unter anderem biologisch vollwertiges Eiweiß und Mineralstoffe, wie Jod, Eisen und Phosphor, sowie Reiz- und Wirkstoffe. Sie sind wohlschmeckend, nahrhaft und leicht verdaulich.

Die Delikatessen können eingeteilt werden in:

a) *Weichtiere* – Austern, Muscheln; Schnecken (siehe Abschnitt 5.3.);
b) *Krustentiere* – Hummer, Languste, Krabbe oder Garnele, Krebs sowie Kamtschatkakrebs;
c) *Kaviar*.

5.1.8.1. Weichtiere

Die Auster

Die Auster – ein Meeresbewohner – bedarf eines hohen Salzgehaltes zum Leben. Ideale Lebensbedingungen bieten ihr die Küsten verschiedener europäischer Länder.

31

Die Auster bevorzugt sandigen oder felsigen Meeresboden, den sie an den Küsten von Dänemark, England, Frankreich, Belgien, der Niederlande und der BRD findet. Sie lebt auf den sogenannten Austernbänken in Kolonien. Die „Ernte" wird mit Schleppnetzen an Land gebracht. Eine andere Möglichkeit des Fangs besteht darin, den Wechsel der Gezeiten auszunutzen und bei eintretender Ebbe die Austern im Wattenmeer einzusammeln. Vielfach wird auch die Austernzucht betrieben.
Die Auster kann etwa 25 bis 30 Jahre alt werden. Am schmackhaftesten ist sie jedoch zwischen drei und fünf Jahren (Bild 31). Das Alter ist an der Zahl der einzelnen Jahresringe der gewölbten Schale zu erkennen. In den Monaten ohne „r" (Mai bis August) darf die Auster bei uns nicht gehandelt werden, da sie sich in dieser Zeit vermehrt. Nach dem Fang wird sie mit dem gewölbten Oberteil nach unten in Holzfäßchen fest verpackt, damit das Meerwasser im Oberteil verbleibt. Die Auster ist dann längere Zeit haltbar.
Die Auster wird in der Küche geöffnet. Dies geschieht mit einem dazu konstruierten Gerät, dem Austernbrecher, oder mit einem starken, spitzen Messer. Auch beim Öffnen ist darauf zu achten, daß das gewölbte Oberteil nach unten liegt. Eine Auster, die sich selbst geöffnet hat, ist abgestorben. Sie enthält Gift, weist starke Farbveränderungen auf und ist für den menschlichen Genuß unbrauchbar. Das Innere der Austernschale ist mit einer Perlmuttschicht ausgestattet. In der Wölbung, von Meerwasser umgeben, befindet sich der eiweißreiche, glasige Tierkörper. Kleine Absplitterungen der Kalkschale werden mit einem feinen Pinsel entfernt. Zur weiteren Verwendung in der Küche ist die Auster zu entbarten.
Die Küche kennt eine große Anzahl von Zubereitungsarten, zum Beispiel Austernragout, Austern gebacken, Austernpastete, Austern gebraten, Austern überbacken und Austerncocktail.
Der Austerncocktail erfreut sich großer Beliebtheit. Die gut vermischte Cocktailmasse (Sahnemeerrettich, Tomatenketchup, Worcestersauce, ein Schuß Weinbrand) wird am Ansatztisch in Gläser gefüllt und mit den entbarteten Austern garniert. Ein auf den Glasrand gestecktes Zitronenachtel dient der geschmacklichen Abrundung. Der Cocktail wird auf einem kleinen Teller mit einem Kaffeelöffel serviert.

In der Menüfolge kann die Auster als kalte oder warme Vorspeise, als Suppe oder auch als Zwischengericht gereicht werden.

Besteckwahl

Trotz der verschiedenen Zubereitungsarten ergeben sich keine Schwierigkeiten bei der Wahl der Bestecke. Bei Gerichten auf Toast oder zur Pastete werden Messer und Gabel eingedeckt, bei anderen Zubereitungsarten, zum Beispiel:

Austernragout	– kleiner Löffel und kleine Gabel,
Austernsuppe	– Suppenlöffel,
Austern gebacken auf Toast	– kleines Messer und kleine Gabel.

Werden Austern natur serviert, ist ein flacher Teller einzusetzen. Die Austerngabel liegt, wie alle Sonderbestecke, schräg auf der rechten Seite. Die auf Eis angerichtete Portion Austern (Bild 32), zumeist 6 Stück, ist mit Zitronenachteln garniert. (Die auf diesem Bild weiter erkennbaren Besteckteile sind bereits für den folgenden Gang eingedeckt.) Der Bart der Auster kann in der Küche oder auch vom Gast selbst entfernt werden. Butter, Toast oder Graubrot werden auf Wunsch des Gastes serviert.

Getränkewahl

Als Getränk eignet sich am besten weißer Burgunder oder Schaumwein mit der Geschmacksrichtung natur bis trocken.

Die Muschel (Pfahl-, Mies- oder Seemuschel)

Ebenso wie die Austern gehören die Muscheln zu den Weichtieren. Die meeresbewohnenden Pfahl- oder Miesmuscheln sind eßbar. Sie siedeln sich an extra für die Zucht eingerammten Pfählen in Traubenkolonien an. Zwei blauschwarze, eiförmig gewölbte Schalen umschließen den zart gelblichen Körper. Da die Muscheln von Oktober bis April in großen Mengen gefangen werden, sind sie niedrig im Preis. Aus diesem Grund werden sie auch nicht stückweise, sondern in Säcken zu 50 oder sogar 100 Kilogramm geliefert. Die Muscheln sind gründlich zu reinigen und in leichtem Salzwasser abzukochen. Hierbei springen sie auf. Gesunde Muscheln behalten auch nach dem Abkochen ihre Farbe. Nach dem Entfernen des Bartes kann ihr Fleisch gedünstet, gebraten, gebacken oder zu Ragouts, Pasteten oder Salaten verarbeitet werden.

Besteckwahl

Da die Muschel nicht roh gegessen, sondern nur im verarbeiteten Zustand angeboten wird, richten sich der Service und die Besteckwahl nach der Garungs- und Zubereitungsart sowie der Anrichteweise. In Zweifelsfällen werden immer Messer und Gabel eingedeckt.

Getränkewahl

Als Getränk eignet sich am besten ein leichter, lieblicher Weißwein.

5.1.8.2. Krustentiere

Der Hummer

Der Hummer wird in die Gruppe der Großkrebse eingeordnet. Er ist der edelste seiner Gattung und nur in salzhaltigem Meerwasser lebensfähig. Fanggebiete sind die Nordsee und Teile des Atlantischen Ozeans. Die Küsten Norwegens, Dänemarks, der BRD – hier hauptsächlich die Insel Helgoland –, Frankreichs, Englands sowie Nordamerikas sind als Hauptfanggebiete bekannt. Körbe, die kleine Fische oder Krebse als Köder enthalten, werden beschwert und auf den Grund des Meeres hinabgelassen. Nach dem Fang wird der Hummer in Bassins gehalten, die so konstruiert sind, daß ungehindert Meerwasser eindringen kann. Somit bleibt der Hummer bis zum Verkauf oder Versand lebensfähig.
Die Größe des Hummers beträgt 20 bis 50 Zentimeter. Er erreicht ein Gewicht bis etwa 2500 Gramm und ist im Alter von 20 bis 25 Jahren am schmackhaftesten. Sein Gewicht beträgt dann 500 bis 800 Gramm. Der Hummer hat eine dem Meeresboden angepaßte Farbe, sie schwankt zwischen grau-grün-stahlblau bis zur braunen Schattierung. Der Körper wird von 10 Füßen getragen. An zwei kräftigen Armen befinden sich die verhältnismäßig großen und starken, mit Zacken ausgestatteten Scheren. Um Unfällen auf dem Transport oder bei der Verarbeitung und Verletzungen der Tiere untereinander beim Versand vorzubeugen, werden die Scheren mit starkem Gummi oder mit Draht verschlossen.
In Körben mit Moos oder Seetang werden die Hummer an ihren Bestimmungsort versandt. Die Transport- und Aufbewahrungstemperatur soll bei +4 °C liegen. In spätestens fünf bis sechs Tagen muß die Verarbeitung vorgenommen werden, da sonst die Tiere verenden. Abgestorbene Hummer erkennt man daran, daß alle Glieder schlaff herunterhängen.
Bei uns ist es verboten, Hummer lebend zu verarbeiten. Die Tiere müssen in kochendem Wasser einzeln getötet werden. Die Garzeit beträgt ungefähr 25 Minuten.
Durch das Kochen wird die beschriebene Schutzfarbe zerstört, und der Panzer erscheint in kräftiger, roter Farbe. (Als Schaustück auf dem kalten Büfett wirkt der Hummer sehr dekorativ.)
Ferner wird der Hummer zu Ragout, Salat, Krusteln, Hummerschaumbrot und

Aspiken verarbeitet. Er ist in den Monaten April bis September am schmackhaftesten, wird aber auch während der übrigen Jahreszeit angeboten.

Service

Der zubereitete Hummer, auf einer entsprechend großen Platte in der Küche angerichtet, wird dem Gast „präsentiert" und auf dem Ansatztisch abgestellt (Bild 33). Dieser ist mit einem Tranchierbrett, dem Tranchiermesser, dem Vorlegebesteck und Servietten vorbereitet.

Der Kellner umfaßt mit der linken Hand unter Benutzung einer Serviette den Rücken und Kopf des Hummers. Mit der rechten Hand trennt er durch eine kurze Drehung die Arme mit den Scheren des Hummers vom Körper (Bild 34). Das Tranchiermesser wird für die Längsteilung des Hummers zwischen Kopf und Schwanz angesetzt (Bild 35) und zuerst der Schwanz durchtrennt. Der zweite Schnitt teilt das Kopfstück. Aus den Hälften ist zunächst der Darm, als blaßgrauer bis schwarzer Faden sichtbar, mit dem Vorlegebesteck zu entfernen.

Anschließend lockert man das Fleisch mit dem Vorlegebesteck (Bild 36). Nun werden die Scheren von den Armen getrennt. Die Arme sind der Länge nach aufzuschneiden, und das Fleisch ist mit einer Hummergabel zu lösen. Das Öffnen der Scheren am Tisch des Gastes empfiehlt sich nicht, da die in den Scheren befindliche Flüssigkeit Gast und Kellner bespritzen kann. Besser ist es, die abgetrennten Arme mit den Scheren in die Küche zum Öffnen zu geben. Eine zweite Möglichkeit besteht darin, die Scheren schon zuvor in der Küche aufbrechen zu lassen. Erst darauf übernimmt der Kellner den Hummer, um ihn seinen Gästen zu servieren.

33

34

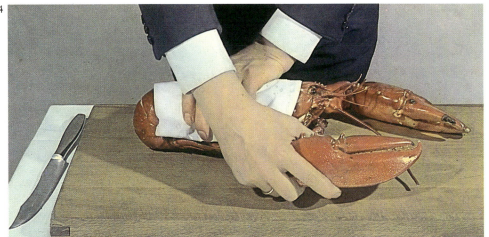

35

36

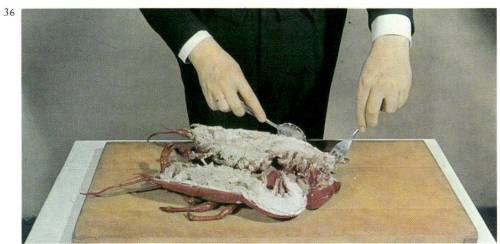

Die vorbereiteten Hummerteile sind auf der Platte sauber anzurichten und über dem Teller oder Brotteller einzusetzen (Bild 37).

Besteckwahl

Ein Fischbesteck und die auf der rechten Seite schräg liegende Hummergabel bilden die notwendigen Besteckteile (Bild 38). Soßen, Beilagen und Garnituren richten sich nach der jeweiligen Zubereitungsart. Die Fingerschale gehört zum Service.

39

Hummercocktail

Ausgelöstes, in nicht zu dünne Stücke geschnittenes Hummerfleisch wird in einer Glasschüssel bereitgehalten. Breite Cocktailgläser füllt der Kellner mit der Cocktailmasse (Sahnenmeerrettich, Tomatenketchup, Worcestersauce) und garniert sie mit dem Hummerfleisch (Bild 39). Ein Schuß Weinbrand verfeinert den Geschmack. Auf den Glasrand wird ein Zitronenachtel gesteckt.

Hummermayonnaise

Der Hummer wird wie eingangs beschrieben behandelt. Seine Fleischteile werden ausgelöst, mit Zitronensaft und Pfeffer mariniert und in einer Glasschüssel oder besser gleich auf dem Teller angerichtet. Die Mayonnaise wird darübergezogen und sauber ausgarniert.

Besteckwahl

Als Besteck ist für die Hummermayonnaise ein Fischbesteck vorzusehen. Für den Hummercocktail genügt der Kaffeelöffel. Je nach Konsistenz wird eine Dessertgabel eingedeckt.

Getränkewahl

Immer wird zum Hummer ein trockener bis natur Schaumwein bevorzugt, aber auch ein weißer Wein feinsäuerlicher Geschmacksrichtung ist am Platz.

Die Languste

Genau wie der Hummer gehört die Languste in die Gruppe der Großkrebse. Jedoch unterscheidet sich die Languste vom Hummer durch zwei wesentliche Merkmale:

a) Sie besitzt keine Scheren.
b) Sie wächst schneller und wird größer.

Auffallend sind die schlanken Fühler, die die Länge des Tierkörpers erreichen. Nach fünf bis acht Jahren hat die Languste ein Gewicht von 1500 bis 2500 Gramm. Ein ausgewachsenes Exemplar kann jedoch bis zu 6000 Gramm schwer werden.

Die europäischen Fanggebiete der Languste während des gesamten Jahres sind die englische Atlantikküste, das Mittelländische und speziell das Adriatische Meer. Die Langusten werden in Spankörben, mit feuchtem Seetang ausgelegt, versandt.

Die Zubereitungsmöglichkeiten sind vielfältig. Zunächst wird die Languste dressiert, das heißt, man bindet sie auf ein Brettchen, um die natürliche Form des Körpers beim Kochen zu erhalten. Durch den Kochprozeß wird die violettrötliche, mit gelben Punkten versehene Schutzfarbe zerstört, und der Tierkörper erscheint in einem kräftigen Rot.

Die Verwendung gleicht der des Hummers. In der kalten Küche wird das Fleisch der Languste zu Salaten, Mayonnaisen oder Cocktails verarbeitet. Auch zur Herstellung von warmen Gerichten, wie Ragouts, Pasteten oder Toastspezialitäten, ist dieses vorzüglich schmeckende Fleisch geeignet. Auf dem kalten Büfett wirkt die Languste als Schaustück sehr dekorativ.

Besteckwahl

Die Besteckwahl und der Service richten sich nach den Zubereitungsarten, sie entsprechen denen des Hummers.

Getränkewahl

Trockener bis natur Schaumwein oder ein Weißwein mit feinsäuerlicher Note. Zum Langustencocktail oder zur Langustenmayonnaise eignet sich auch ein alkoholisches Mischgetränk (Aperitif).

Krabben und Garnelen

Krabben, Garnelen, mitunter auch unter dem französischen Namen Crevettes bekannt, sind in allen Weltmeeren zu finden. Im Indischen Ozean, dem Atlantik sowie in der Nord- und Ostsee sind sie beheimatet. Mit Schleppnetzen werden sie gefangen. Die Schwänze der 5 bis 10 Zentimeter langen Seekrebse werden meist an Bord ausgebrochen, abgekocht und chemisch konserviert. Die dabei entstehenden Abfallprodukte sind getrocknet als Viehfutter verwendungsfähig. In der Küche werden Krabben und Garnelen als leicht verdauliche Nahrungsmittel in Form von Ragouts, Salaten und Mayonnaisen zubereitet.

Besteckwahl

Die Besteckwahl richtet sich nach der Art des Gerichts, zum Beispiel:

Krabbenmayonnaise	– Fischbesteck,
Krabben auf Toast	– kleines Messer und kleine Gabel,
Krabbencocktail	– Kaffeelöffel.

Getränkewahl

Der Getränkeeinsatz ist der gleiche wie bei den nachfolgenden Krebsgerichten.

Der Krebs

Der Krebs lebt im Gegensatz zu den anderen Krustentieren im Süßwasser. Er sucht sich als Heimstatt Bäche, Flüsse und Seen mit steinigem, bewachsenem Boden aus. Ein Tafelkrebs hat ein Gewicht von etwa 50 bis 100 Gramm. Der Solokrebs, der heute zumeist gezüchtet wird, erreicht bei einem Alter von 10 Jahren eine Länge von ungefähr 15 Zentimetern und ist 125 bis 150 Gramm schwer. Einzelne Exemplare werden 20 Jahre alt.

In den Monaten Mai bis August wirft der Krebs seinen Panzer ab, er ist dann besonders schmackhaft. Bis sich aus Chitin und Kalkstoffen des Tieres ein neuer Panzer entwickelt hat, wird der Krebs als Butterkrebs bezeichnet.

Die Krebse transportiert man lebend in mit Moos ausgelegten Spankörben. Die Verschnürung muß dabei unter leichtem Druck geschehen, damit die Tiere sich nicht auf den Rücken legen können und dann vorzeitig absterben. Meist tötet man sie bereits in der Krebsfarm einzeln in kochendem Wasser. Das Schwanzfleisch wird vom Panzer befreit und eingefrostet. Durch das Kochen verliert der Krebs seine natürliche Schutzfarbe und erscheint in einer kräftigroten Färbung.

Service

Die Verwendbarkeit in der Küche ist vielseitig, zum Beispiel als Krebsterrine, Krebsschwänze im Reisrand, Krebsschwänze au four. Darüber hinaus werden die Krebsschwänze in der kalten Küche zu Mayonnaisen, Salaten und als Garnierung genutzt oder für Cocktails verarbeitet.

Krebsschwanzcocktail

In der Küche bestellt der Kellner an Zutaten für den Krebsschwanzcocktail entsprechend der Personenzahl:

1/3 Sahnenmeerrettich, eingeschnittene Zitronenachtel
2/3 Tomatenketchup, und
feingehackte Petersilie, Krebsschwänze.

Ein quer eingeschnittenes Zitronenachtel nimmt er in die linke Hand. Mit der rechten Hand ergreift er das Cocktailglas und präpariert dessen Rand in der Einkerbung der Zitrone (Bild 40). Vorsichtig, ohne zu drehen, wird das Glas in die Petersilie getaucht (Bild 41). An Stelle der gehackten Petersilie kann auch Streuzucker verwendet werden (Zucker ist in geringem Maße auch im Ketchup enthalten), allerdings ist das optisch nicht so wirkungsvoll.

Die Ingredienzen − Bestandteile − werden eingefüllt (Bild 42), ein Teil Sahnenmeerrettich, zwei Teile Ketchup. Zur Verfeinerung des Geschmacks eignen sich auch ein kleiner Löffel feingeraspelte Ananas und ein Schuß Weinbrand. Anschließend werden die Krebsschwänze obenauf garniert.

Die Zitronenachtel werden zuletzt aufgesteckt (Bild 43). Es ist falsch, Zitronenscheiben für den Cocktail zu verwenden, da es dem Gast dann schwerlich gelingen wird, den Saft auszupressen. Der angerichtete Krebsschwanzcocktail wird auf einem kleinen Teller eingesetzt. Dazu reicht man Toast (Bild 44).

Besteckwahl

Für den Krebsschwanzcocktail werden ein Kaffeelöffel und mitunter auch eine Dessertgabel verwendet. Bei Krebsen in der Terrine wird nur ein Krebsbesteck − Krebsmesser und Krebsgabel − eingedeckt. Zum Service gehören außerdem noch eine kleine Tasse für den Fond sowie die Fingerschale. Beim Service anderer Krebsgerichte wird wie bei Krabbengerichten verfahren.

40

41

42

Getränkewahl

Eine allgemeine Regel läßt sich bei den vielseitigen Verwendungsmöglichkeiten der Krebsschwänze schlecht aufstellen. Für einen Krebsschwanzcocktail kann man ein entsprechend scharfes Getränk empfehlen. Das kann vom Weinbrand bis zum Cocktail Martini oder Manhattan reichen. In anderen Fällen wird ein Portwein oder ein milder Weißwein angebracht sein.

Der Kamtschatkakrebs

Der Kamtschatkakrebs lebt im Stillen Ozean als Tiefseebewohner und gehört in die Gruppe der Großkrebse. Innerhalb dieser Gattung ist er der größte Vertreter. An der Küste Japans, besonders aber an der sowjetischen Küste – Halbinsel Kamtschatka –, wird der danach benannte schwanzlose Krebs gefangen und sofort auf dem Schiff verarbeitet. Zu diesem Zweck kocht man die Krebse in Seewasser ab und konserviert sie mittels Borsäure und wenig Salz. Damit sind sie handelsfertig. Nach dem Öffnen der Dosen zum Gebrauch muß der Inhalt durch einfaches Ausspülen mit kaltem Wasser vom Konservierungsmittel befreit werden. Nicht nur wegen seines niedrigen Preises gegenüber dem Hummer ist das Fleisch des Kamtschatkakrebses – Crabmeat – beliebt, sondern auch wegen der geschmacklichen Ähnlichkeit. In der Restaurantküche wird es für Mayonnaisen und Salate verarbeitet.

5.1.8.3. Kaviar

Als Kaviar bezeichnet man den bearbeiteten Rogen von Stör- (Hausen, Sterlet, Stör) und Lachsarten. Diese Fische leben im Atlantik, im Schwarzen Meer und in der Kaspischen See. Sie werden zu den wandernden Fischen gezählt, weil sie zum Laichen in die ins Meer mündenden Flüsse eindringen und in Richtung der Quellen viele hundert bis tausend Kilometer wandern. Für die Kaviargewinnung kommen die Stör- und Lachsarten in Frage, die in die Donau und Wolga ziehen sowie in den sibirischen Flüssen Ob, Lena und Amur leben. Die Störarten werden zum Teil größer als Lachse. Ihre Länge beträgt bis 3 Meter mit einem Gewicht von weit über 100 Kilogramm. Die Tiere werden auf ihrer Wanderung gefangen und getötet, um an den Rogen zu gelangen. Eine andere Möglichkeit ist das Abtreiben des Laichs. Je nach Größe des Fisches beträgt die Ausbeute zwischen 2 bis 25 Kilogramm. Unmittelbar danach beginnt die Verarbeitung. Um den Laich vom umschließenden Bindegewebe zu befreien, wird dieser mit dünnen Weidenruten bearbeitet und durch Siebe gedrückt. Durch Zusatz von Salz, 3 bis 15 Prozent des Gewichts vom Kaviar, werden die einzelnen Körner prall und erhalten zugleich ihre Farbe. Die Größe der Körner, die Farbe, der Geschmack sowie der Salzgehalt bestimmen die Qualität des Kaviars. Der Malosolkaviar (Malosol = wenig Salz) wird am meisten geschätzt. Der Kaviar reift in kleinen Holzfässern weiter und wird in Weißblech- oder Glasdosen konserviert gehandelt. Der Kaviar hat einen hohen Preis und ist ein auserlesenes Nahrungsmittel.

Der Service und die Besteckwahl

Der Kaviar wird entweder natur serviert (Bild 45) oder als Garnitur für andere Speisen verwendet.
Für Kaviar natur wird ein flacher Teller eingedeckt. Neben dem Messer für den folgenden Gang wird das Kaviarmesser schräg aufgelegt. Der Brotteller und darauf ein Messer für die Butter finden links neben dem flachen Teller ihren Platz.
Die Originaldose – meistens 2 Ounces[8] – wird auf Eis angerichtet, mit Zitronen-

---

8 1 Ounce (Unze) = 28,35 Gramm

45

achteln versehen und oberhalb des flachen Tellers gestellt. Toast und Butter werden gereicht oder eingesetzt. Zwiebeln sollte der Kellner nur auf Wunsch des Gastes servieren.

Getränkewahl

Zum Kaviar schmecken Wodka oder Schaumwein mit dem Geschmackstyp natur bis trocken ausgezeichnet.

5.2. Die Suppen

Suppen — auf Grund ihrer Zubereitungsart leicht bekömmlich und gut verdaulich — werden von vielen Gästen als appetitanregendes und zum Teil sättigendes Gericht gewünscht. Zu ihrer Herstellung bevorzugt man geschmacklich intensive Rohstoffe. Dazu gehören unter anderem Fleisch, Fisch, Gemüse, Hülsenfrüchte und Früchte. Die durch die Zubereitung der Suppe entstehenden Geruchs- und Geschmacksstoffe sowie die gelösten Extrakt- und Leimstoffe regen nicht nur den Appetit an, sondern bereiten gleichzeitig den Magen auf das folgende Gericht vor, das heißt, sie wärmen die Magenwände an und weiten sie damit. Aus diesem Grunde müssen Suppen stets heiß serviert werden. Bei speziellen Suppen, die kalt auf den Tisch gelangen — Kaltschalen oder gelierte Kraftbrühen —, übernimmt der folgende Gang das Anwärmen der Magenwände. Die Suppe bildet den Übergang von der kalten Vorspeise zum Zwischengericht — Vorspeise warm —, zum Fischgericht oder zum Hauptgang. Sie soll in einem größeren Menü nach Möglichkeit entfettet und ungebunden serviert werden und mengenmäßig den Inhalt einer Tasse nicht überschreiten.

In den Gaststätten werden Suppen auch als selbständige Gerichte auf der Standard- und Tageskarte geführt. Dazu gehören die Suppen- und Eintöpfe. Das sind Gerichte:

a) aus Fleisch von Schlachttieren oder Geflügel mit Teigwaren, Reis oder Kartoffeln — einzeln gekocht —,
b) aus Hülsenfrüchten oder Gemüse mit Fleisch von Schlachttieren — zusammengekocht —.

Alle weiteren Suppen werden in den folgenden Teilabschnitten erläutert. Es ist zu unterscheiden zwischen:

klaren Suppen
a) aus Fleisch, Fisch, Geflügel und Gemüse sowie
b) aus besonderen Rohstoffen (exotische Suppen)

gebundenen Suppen
a) hellen Suppen (Rahm- oder Creme-, legierte Suppen, Schleim- oder Püreesuppen)
b) dunklen Suppen

Nationalsuppen und
Kaltschalen

5.2.1. Klare Suppen – exotische Suppen

Eine *Kraftbrühe* ist das Produkt eines durch Kochen erhaltenen Auszuges aus Fleisch, Fisch, Wild oder Geflügel; sie ist geklärt und entfettet.
Zur Herstellung einer doppelten Kraftbrühe benötigt man die doppelte Menge des normalen Rohstoffeinsatzes bei gleichbleibender Menge der Flüssigkeit.
Als Einlagen können Gemüse, Teigwaren, Eier, Croutons, Fleisch- oder Fischklößchen sowie Kräuter und Pilze verwendet werden.

Exotische Suppen gehören zu den klaren Suppen, sie enthalten besondere Rohstoffe.

Schildkrötensuppe
Die Schildkröte lebt an den Küsten der tropischen und subtropischen Gebiete des Atlantischen Ozeans und der Südsee. Sie erreicht ein Gewicht von ungefähr 450 Kilogramm und eine Länge von etwa 150 Zentimetern.
Die Tiere werden im Wasser mit Netzen gefangen oder vom Wasser her an Land überrascht. Auch die Landschildkröte findet Verwendung.
Zum Verzehr werden nur Schildkröten erbeutet, deren Gewicht etwa 100 Kilogramm beträgt. Das Fleisch der Schildkröten gelangt getrocknet zum Versand. In speziell dafür eingerichteten Betrieben wird es ausgekocht, die Brühe gewürzt und als Konserve ausgeliefert. Das Fleisch verwendet man als Einlage.

Känguruhschwanzsuppe
Känguruhschwanzsuppe wird ähnlich der klaren Ochsenschwanzsuppe hergestellt und mit exotischen Gewürzen sowie Wein abgeschmeckt.

Haifischflossensuppe
Die Flossen des Dorn- oder Heringshais kocht man aus und würzt die Brühe.

Schwalbennestersuppe
Schwalbennestersuppe enthält den Auszug der getrockneten, gebleichten Nester der Salanganen (indische Seeschwalben) mit Zusatz von Kalbfleisch- und Hühnerbrühe. Schwalbennestersuppe ist sehr eiweiß-, phosphor- und jodhaltig.

Trepangsuppe

Die stachligen Seegurken (Trepangs) aus dem Indischen Ozean werden getrocknet und im Herstellerbetrieb in Fleisch- oder Fischfond geweicht und gekocht. Die Brühe einschließlich der Rohstoffteile wird in Konserven gehandelt.
Alle exotischen Suppen lassen sich vor dem Service mit einem Schuß Wein, zum Beispiel Südwein, verfeinern.

5.2.2. Gebundene Suppen

Helle Suppen gehören in die Gruppe der gebundenen Suppen.

Rahm- oder Creme- und legierte Suppen

Der Auszug eines Rohstoffes – Fleisch, Fisch, Geflügel, Gemüse oder Pilze – wird mit Mehl leicht gebunden und mit Sahne verfeinert.
Legierte Suppen werden mit Sahne und Eigelb gebunden.

Schleimsuppen

Eine Schleimsuppe wird aus Brühe, Milch oder Wasser, gebunden mit Reismehl oder Hafermark, hergestellt und mit einer Liaison – Eigelb und Sahne – vollendet. Derartige Suppen bietet man vornehmlich in Hotels zum Frühstück an, sie finden aber auch in der Krankenpflege und -behandlung starke Beachtung.

Püree- oder durchgeschlagene Suppen

Diese Suppen werden aus pürierten Hülsenfrüchten – besonders Erbsen, Linsen, Bohnen –, Gemüse oder Kartoffeln zubereitet, mit einer Fleischbrühe versetzt und mit Gewürzen abgeschmeckt.

Dunkle Suppen

Für die Herstellung von dunklen Suppen röstet man Knochen mit Fleischanteil und Mirepoix (Wurzelgemüse) an, füllt sie auf und kocht sie aus. Diese Brühe wird mit einer braunen Roux (Mehlschwitze) gebunden. Dazu gehören die Mockturtle-, Ochsenschwanz-, Windsor- und Wildsuppe. Teile des jeweiligen Rohstoffes dienen als Einlage.

5.2.3. Nationalsuppen

Nationalsuppen sind wegen ihres kräftigen, pikanten Geschmacks sehr geschätzt. Sie werden aus Fleisch, Fisch oder Gemüse bzw. auch kombiniert mit verschiedenen landesüblichen Zutaten hergestellt. Die nachstehende Aufzählung verdeutlicht, in welcher Mannigfaltigkeit Fleisch, Fisch, Geflügel, Gemüse, Teigwaren, Kräuter und Gewürze variiert werden können.

UdSSR:

Soljanka – Rauchfleisch, saure Gurken, saure Sahne, Dill, Zitrone, Oliven und Kapern

Borschtsch – Fleisch von Schlachttieren, rote Rüben, Kohl, weiße Bohnen, saure Sahne
Rassolnik – Schweinefleischbrühe, Graupen, Speck, Salzgurken, Zwiebellauch, grüne Tomaten
Hartcho – Hammelfleisch, Reis, Tomaten, Knoblauch, Zitrone

VR Bulgarien:

Taratorr – Joghurt, gehackte Nüsse, grüne Gurken, Öl, Gewürze

ČSSR:

Hrachová Polevká – Schweineohren, Schoten, Knoblauch, Croutons

Ungarische VR:

Gulyas – Rindfleisch, Gemüse, Letscho, Kartoffeln, Gewürze
Halászlé – Karpfen, Paprika, frische Tomaten, Pfefferoni, saure Sahne

Italien:

Minestra – Kohl, Sellerie, Mohrrüben, fettes Fleisch, Zwiebeln, Tomate, Makkaroni und geriebener Parmesankäse
Minestrone – Gemüse, Fleisch, Speck, Öl, Tomate

Frankreich:

Bouillabaisse – Fischstücke, Öl, Tomaten, Zwiebeln, Lauch, Knoblauch, Weißbrot, Gewürze
Petite marmite – Rindfleisch, Huhn, Gemüse, Rindermark, Weißbrot

5.2.4. Kaltschalen

Kaltschalen werden vorwiegend in den Sommermonaten angeboten, da sie durch ihren zum Teil fein säuerlichen Charakter sehr erfrischend und durststillend wirken. Man stellt sie aus Obst, Milch, Bier oder Wein her. Für Obstkaltschalen eignen sich besonders geschmacklich intensive Früchte, zum Beispiel Kirschen, Erdbeeren, Himbeeren, Johannisbeeren. Hier kann auch der entsprechende Most zur Verlängerung der Kaltschale dienen. Milchkaltschalen werden mit verschiedenen Geschmacksträgern zubereitet, zum Beispiel Vanille, Mandel, Schokolade. Kaltschalen bindet man leicht mit Kartoffelstärke oder Sago und schmeckt insbesondere Obstkaltschalen mit Weißwein oder Zitrone, Zucker und Zimt ab. Zur geschmacklichen und kalorischen Vervollkommnung können Waffeln, Biskuits, Makronen, Baisers, Früchte oder Rosinen als Einlage verwendet werden. Besonders ist darauf zu achten, daß Kaltschalen frisch zubereitet und stets recht kühl zu servieren sind.

Der Service

Terrinen
Eintopf- oder Suppentopfgerichte in Terrinen werden immer im englischen Service, das heißt am Ansatztisch, in den Teller gefüllt (Bild 46). Das Einfüllen der Suppe direkt vor dem Gast sollte unterbleiben, um ihn nicht zu bespritzen. Der tiefe Teller

ist ohne flachen Unterteller von rechts einzusetzen und von derselben Seite wieder auszuheben.

Service aus der „Silbertasse"

Ein tiefer Teller wird von rechts eingesetzt und die Tasse beim Entleeren so gehalten, daß die Öffnung ihm abgewandt ist. Dadurch vermeidet man, daß eventuelle Einlagen den Gast beflecken (Bild 47). Die leere Tasse wird kurz abgedreht.

Service aus der Porzellantasse

Die Tasse wird auf eine Untertasse und diese auf einen kleinen Teller gestellt. Der Henkel der Tasse zeigt in jedem Fall nach links. Ein Löffel wird schräg auf die Untertasse gelegt und die Suppe von rechts eingesetzt. Zu jeder Suppe gehört unaufgefordert Brot oder ein Brötchen (Bild 48).

Exotische Suppen

Exotische Suppen bietet man meist wegen ihres relativ hohen Preises in kleinen Mengen an. Die Mokkatasse ist der beste Größenvergleich. Auch hier zeigt der Henkel der Tasse nach links. Ein Kaffeelöffel wird rechts angelegt.

Getränkeeinsatz

Getränke werden zur Suppe — einer Flüssigkeit — nicht serviert. Es wäre widersinnig, zwei Flüssigkeiten in einem Gang zu verzehren.

48

5.3. Zwischengerichte – warme Vorspeisen

Diese Speisen können an Stelle der Suppe, des Fischganges oder auch als Vorspeise im Menü serviert werden. Sie sind leicht verdaulich und haben ebenso wie Suppen die Aufgabe, den menschlichen Körper auf die Nahrungsaufnahme einzustellen. Zu den Zwischengerichten – warme Vorspeisen – gehören unter anderen:

Eierspeisen
– pochierte Eier mit verschiedenen Soßen und Beilagen, Omeletts mit Schinken, Käse, Pilzen, Tomaten, Geflügelleber oder verschiedenen Ragouts;

Ragouts
– von Weich- und Krustentieren, Kalbfleischragout (Ragout fin), Blätterteigpastete, Hohlpastete;

Toastspezialitäten
– Rindermark, Zunge, Hirn, Schinken, Käse, Weich- und Krustentiere;

Weinbergschnecken
– gebacken und gedünstet mit verschiedenen Soßen und Buttermischungen.
Die gezüchteten Weinbergschnecken schließen sich im Herbst in ihre Häuser ein. Nach der „Ernte" werden die Schnecken gereinigt und in kochendem Wasser abgetötet. Anschließend befreit man den Schneckenkörper vom Haus und entfernt

49

die ihn umgebende schleimige Haut. In Konserven verpackt, gelangen sie mit den ebenfalls gereinigten Schneckenhäusern zum Versand.

Froschschenkel

Die Schenkel des grünen Teichfrosches werden abgetrennt, von den Schleimhäuten befreit, mariniert und dann zum Braten, Backen oder Dünsten vorbereitet. Froschschenkel erhält man konserviert angeliefert.

Besteckwahl

Bei Zwischengerichten oder warmen Vorspeisen innerhalb eines Menüs, die immer nach der Suppe serviert werden, ist die Besteckwahl differenziert. Ein *Entremetsbesteck* deckt man zu Ragout fin (Bild 49) wie auch zu Eierspeisen – Omeletts – ein.
Das kleine Messer und die kleine Gabel sind richtig zu Toastspezialitäten und Blätterteigpasteten sowie zu Vol-au-vents. Auch in allen Zweifelsfällen sollte dieses Besteck Verwendung finden. Das gilt zum Beispiel für gebackene Weinbergschnecken und Froschschenkel.
Weinbergschnecken mit Buttermischungen oder Soßen (Bild 50) erfordern ein *Spezial- oder Sonderbesteck*, da man sie im Gehäuse serviert. Einzudecken sind ein warmer, flacher Teller, ein Brotteller sowie Löffel, Schneckengabel und -zange. Das Sonderbesteck wird rechts schräg eingesetzt. Da die Schneckenzange als Vorleger dient, kann man sie auch an die Schneckenpfanne anlegen. Schnecken in dieser Anrichteart werden nicht vorgelegt, sondern *nur eingesetzt*.

Getränkewahl

Zwischengerichte besitzen einen pikanten würzigen Geschmack. Durch das Überbacken einzelner Speisen entstehen neben den Röstprodukten Duftstoffe. Diese sind sehr appetitfördernd. Die Zwischengerichte verlangen eine feine Abstimmung mit dem Getränk. Ein milder, ausgebauter Weißwein wird hierfür empfohlen.

5.4. Der Fischgang

Fische, vor allem Seefische, sind durch ihr häufiges Vorkommen, ihren hohen Anteil an Vitaminen, Eiweiß und Mineralstoffen sowie die günstige Preislage für die Versorgung der Bevölkerung besonders wichtig. Sie zeichnen sich nicht nur durch ihren angenehmen Geschmack aus, sondern sind auch in ernährungsphysiologischer Hinsicht bedeutungsvoll. So enthält zum Beispiel das Fischfleisch ein für den menschlichen Organismus biologisch vollwertiges Eiweiß, das gut verdaulich ist. Fische können verschiedenartig zubereitet werden, beispielsweise pochiert, gebraten, gebacken, gedünstet oder gegrillt. In der Speisenfolge rangiert der Fisch als selbständiger Gang und bildet, wenn die richtige Zubereitungsart gewählt wird, pochiert oder gedünstet einen guten Übergang zu schweren Speisen.

Einteilung der Fische

Die Fische werden nach ihrer *Herkunft* in Süßwasserfische (Teich- oder Flußfische) und Salzwasserfische (Seefische), nach ihrer *Form* in Rund- oder Lang- und Plattfische, nach ihrer *äußeren Beschaffenheit* in Schuppen- und Schleimfische sowie nach ihrem *Wohlgeschmack* in Edel- und Konsumfische eingeteilt. Des weiteren wird unterschieden zwischen Fettfischen (Fettgehalt 5 bis 28 Prozent) und Wanderfischen. Letztere leben nicht ausschließlich im Süß- oder Salzwasser, sondern wandern zum Laichen entweder ins Meer oder in die Flüsse. Beispielsweise laichen die Aale im Atlantik – südöstlich der Bermuda-Inseln (Sargassomeer). Was die Seefische

51

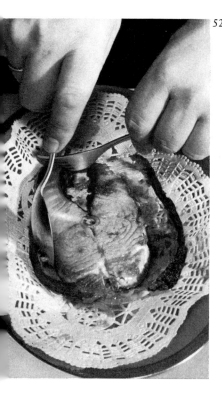

betrifft, so sind als neue Fangplätze die Gewässer um Afrika, das Äquatorialgebiet und der tropische Atlantik hinzugekommen. Gefangen werden dort meist barschartige Rundfische mit Schuppen, festem Fleisch und bis zu 20 Prozent Eiweißanteil, wie Adlerfische, Silber- und Kaphechte, Rotbrassen, Schildmakrelen sowie die großen Biskaya-Sardinen. Der Fettgehalt dieser Fische verändert sich mit der Jahreszeit und schwankt zwischen 1 und 5 Prozent. Lediglich der Degenfisch, der in der Form dem Aal ähnelt (Bandfisch), verfügt über besonders festes und fettreiches Fleisch.

Der Service – Filetieren

Lang- und Rundfische, zu Portionen geschnitten, pochiert, gedünstet oder wie im Bild 51 grillter *Lachs*, werden wie folgt zerlegt: Während die Gabel des Vorlegebestecks einen Gegendruck vornimmt, drückt der Kellner mit dem Löffel durch zwei kurze Einschnitte die Rückenflosse heraus. Die durch das Grillen sehr stark verkrustete Haut des Fisches wird abgelöst. Der Löffel ist am Rücken anzusetzen und unter leichtem Druck bis zum Bauchlappen des Fisches zu ziehen (Bild 52). Das sollte allerdings erst nach Befragen des Gastes geschehen, denn viele Gäste möchten die knusprige Haut mitessen. Die Mittelgräte wird herausgelöst (Bild 53).
Der Fisch ist nunmehr zum Vorlegen vorbereitet. Das muß alles schnell vor sich gehen, da Fisch sehr rasch auskühlt. Heiße Teller und Platten sind erforderlich. Braune oder zerlassene Butter sowie entsprechende Sättigungsbeilagen werden eingesetzt. Der ganze Lachs findet oft als Schaustück auf dem kalten Büfett Verwendung. Im Restaurant wird er nur portioniert angeboten.

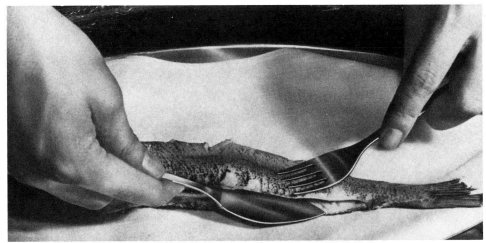

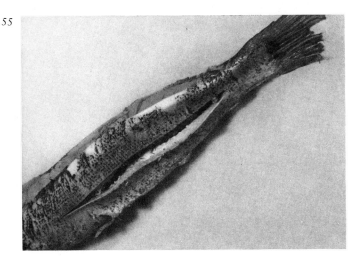

Hecht

Fische für eine oder mehrere Personen sollte man so anrichten, daß sie auf der Seite liegen. Nach dem Entfernen der Rücken- und Seitenflossen zieht der Kellner das Fischmesser leicht am Rücken des Fisches entlang, um die verbindende Haut der beiden Filets zu zerteilen. Bei kleineren Fischen muß das Filet vom Rücken aus von der Gräte nach unten geschoben werden. Die jetzt freiliegende Gräte wird entfernt, und die Filets sind zum Vorlegen bereit (Bild 54).

Ein größeres Exemplar ist weiter zu zerlegen, indem zwischen Rücken und Bauchlappen, vom Kopf bis zum Schwanz hin, ein Schnitt vollzogen wird (Bild 55). Quergeteilt lassen sich die einzelnen Portionen abheben.

Forelle

Pochierte Portionsfische sollten in einem Fischkessel angerichtet werden, dadurch kühlen sie nicht aus. Mit dem Vorlegebesteck oder zwei Gabeln sind die Klammern

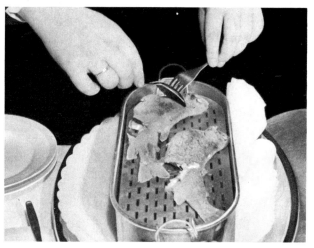

des Siebbodens beidseitig hochzuheben und über den Kesselrand zu legen. Der Fischfond läuft in das Gefäß zurück, während der heiße Dampf den Fisch bis zum Vorlegen warmhält. Portionsfische, speziell die Forelle, filetiert man nur auf Wunsch des Gastes. Das gleiche trifft auf das Abziehen der Haut zu. Fischkenner werden sich diese Tätigkeit nicht entgehen lassen und den Fisch selbst zerlegen. Sind die Forellen gebraten – Müllerin-Art –, löst man auf keinen Fall die Haut ab. Der erste Einschnitt wird am Kopf der Forelle vorgenommen (Bild 56). Das kann mit

58

59

60

dem Fischmesser oder auch mit dem Löffel des Vorlegers geschehen, ohne jedoch den Kopf abzutrennen. Anschließend werden die Kiemen-, Bauch- und Rückenflossen entfernt (Bild 57).
Ausgehend von der zurückbleibenden Vertiefung nach Entfernen der Rückenflosse wird erstens ein Schnitt zum Kopf und zweitens zum Schwanz hin gezogen. Die Forelle läßt sich leicht abziehen. Damit ist am Rücken zu beginnen, die Haut entfernt man in Richtung Schwanzende über die Bauchlappen (Bild 58). Anatomisch betrachtet ist deutlich die Furche zu erkennen, die das Rückenfilet von den Bauchlappen trennt. Hier ist bei einem größeren Lang- oder Rundfisch der Schnitt anzusetzen, um die Portionen zu lösen (Bild 59). Damit sich die Bauchgräten nicht von der Rückengräte trennen, schiebt man das Kopfstück vom Rücken aus in Richtung Bauchlappen herunter. Bequem läßt sich das Schwanzstück abheben (Bild 60).
Fischkenner verzichten nicht auf die Bäckchen der Forelle (für Karpfen gilt das gleiche). Zwischen Auge und Kieme wird die bedeckende Haut entfernt und das Bäckchen herausgenommen (Bild 61). Der Fisch kann nunmehr auf heißem Teller mit einer Zitronenecke sowie brauner, zerlassener oder frischer Butter serviert werden. Die frische Butter sollen wir nicht unmittelbar dem Kühlschrank entnehmen; denn ehe sie schmilzt, ist der Fisch kalt.
Nicht richtig ist es, zur Forelle Sahnenmeerrettich zu servieren. Der zarte Geschmack der Forelle wird durch den Meerrettich völlig „erdrückt". Anders verhält es sich bei einem fetten Fisch, zum Beispiel dem Karpfen.

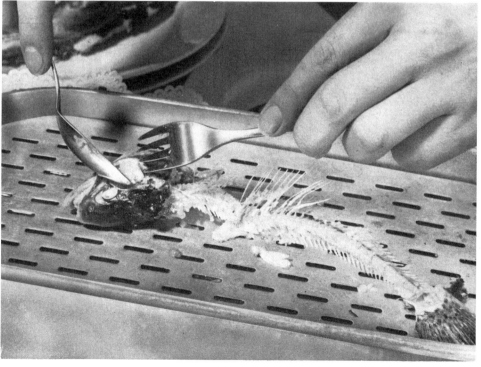

61

Zander

Größere pochierte Fische richtet man auch auf einer Platte mit einer Stoffserviette an (Bild 62). Papiermanschetten sind möglichst nicht zu verwenden, weil diese sehr schnell aufweichen.

Die Rücken- und Bauchflossen werden gezogen und auf einem Teller abgelegt (Bild 63). Ist der Rückenschnitt entlang der Gräte geführt, folgt ihm der Kopfschnitt (Bild 64). Vertieft der Kellner jetzt mit Gabel und Fischmesser den Rückenschnitt, erhält er zwei sauber gelöste Hälften des Zanders. Nun braucht er lediglich noch die Gräte herauszunehmen. Der Parallelschnitt und entsprechende Querschnitte erlauben das Portionieren (Bild 65).

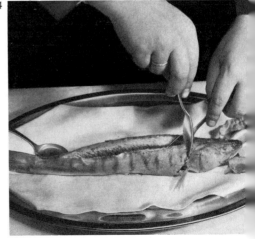

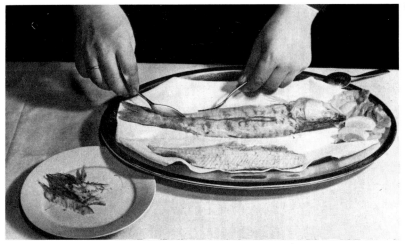

Seezunge

Die Seezunge gehört zur Gruppe der Plattfische, sie hat sehr zartes und wohlschmeckendes Fleisch. Die ringförmig angeordneten Bauch- und Rückenflossen sind als erster Arbeitsgang mit dem Vorlegebesteck abzudrücken (Bild 66). Vom Kopf bis zum Schwanzende wird entlang der Mittelgräte ein Einschnitt vollführt, um die Filets nach links und rechts schieben zu können (Bild 67). Bei einer anderen Methode

werden mit zwei Gabeln die oberen und unteren Filets gleichzeitig von der Mittelgräte gelöst. Einfach und schnell läßt sich die Gräte der Seezunge ausheben, ohne daß der Fisch umgedreht werden muß (Bild 68).

Steinbutt

Der Steinbutt, ebenfalls ein Plattfisch, wird in der Mehrzahl der Zubereitungsarten pochiert angeboten.
Kopf und Schwanz sowie die Flossen entfernt man schon in der Küche. Einschnitte – Portionieren – bewirken nicht nur ein schnelleres, sondern auch ein gleichmäßigeres Garen. Dadurch wird zugleich verhindert, daß die Haut an unerwünschter Stelle reißt (Bild 69).
Von der Mitte nach außen wird die Haut abgezogen und auf einem Teller abgelegt. Das Abziehen unterbleibt, wenn der Gast es wünscht (Bild 70).
Die Portionen werden mit dem Vorlegebesteck oder der Fischschaufel von der

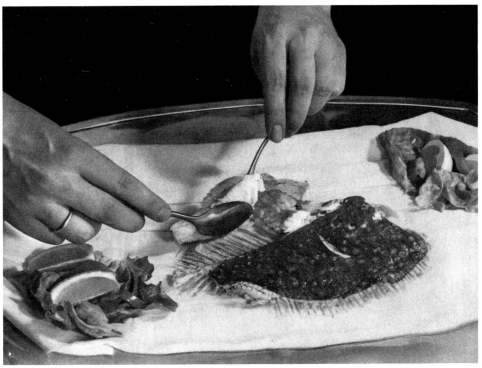

Mittelgräte zum Rand hin abgehoben und angerichtet. Schließlich nimmt man nur die Gräte heraus und portioniert weiter (Bild 71).

Andere Fische

Das Auslösen – Filetieren – verlangt Kenntnisse über den Körperbau der Fische. Sie sind die Grundlage für ein sicheres und schnelles Arbeiten. Das wiederum ist deshalb notwendig, weil das Auslösen vor den Augen der Gäste geschieht und Fische sehr schnell auskühlen. Wenn man sie richtig in Platt- oder Langfische einzuordnen versteht, ist es nach wiederholter Übung möglich, sie gut und rasch zu filetieren. Filetiert werden wie die

Forelle: Blaufelchen, Hecht, Karpfen, Lachs oder Salm, Schleie und Zander;
Seezunge: Heilbutt, Rotzunge, Steinbutt.
Außerdem muß ein Kellner unbedingt wissen, daß die Soße zu einem pochierten Fisch immer gesondert beigegeben wird, wenn dieser noch zu zerlegen ist. Auf keinen Fall darf die Soße über den unzerteilten Fisch fließen.

Getränkeeinsatz

Gemäß der bekannten Regel „helle Speisen, helle Weine" serviert der Kellner *zum Fisch Weißwein*. Ein spritziger, leichter Wein harmoniert am besten mit Fischgerichten.
Differenziert muß jedoch auch hierbei werden. Fette Fische, zum Beispiel Karpfen und Plattfische, verlangen einen körperreichen, abgerundeten Weißwein.

5.5. Der Hauptfleischgang

5.5.1. Das Fleisch von Schlachttieren

Das Gaststättenwesen und der Handel verstehen unter dem Begriff „Fleisch" das Muskelgewebe und die darin eingewachsenen Fetteile, Sehnen und Knochen. Andere Teile des Tierkörpers werden als Innereien bezeichnet. Schlachttiere für die Gastronomie sind Rind, Kalb, Schwein und Hammel. Das günstigste Schlachtalter beispielsweise der Rinder liegt zwischen vier und fünf Jahren, wobei das Fleisch der Mastochsen als das beste Fleisch vom Rind gilt. Kälber sind Hausrinder, die noch kein Jahr alt sind. Im allgemeinen Sprachgebrauch bezeichnet man das Fleisch des Schafes als Hammelfleisch (Hammel = kastriertes männliches Schaf). Eine Ausnahme macht das Fleisch von Schafen unter einem Jahr, für das die Bezeichnung Lammfleisch zutrifft. Geschätzt wird das Fleisch von Milchlämmern (unter sechs Wochen), das hell, zart und leicht verdaulich ist. Das Jungtier des Schweines nennt man Ferkel. Tiere, die weniger als zehn Wochen alt sind, heißen Spanferkel. Es gilt wegen seines zarten Fleisches als Delikatesse.

Das Fleisch der Schlachttiere hat einen hohen ernährungsphysiologischen Wert. Es enthält vollwertiges Eiweiß. Aber ebenso wie Eiweiß sind Fett, Kohlenhydrate, Vitamine A, B1, B2, PP, Mineralstoffe, zum Beispiel Phosphor-, Schwefel- und Kaliumverbindungen, sowie Wasser Bestandteile des Fleisches.

Nach der Fleischfarbe wird noch zwischen dunklem (Hammel-, Rind- und Schweinefleisch) sowie hellem Fleisch (Kalb- und Lammfleisch) unterschieden. Der Geschmack, das Aussehen und die Struktur des Fleisches hängen nicht nur von der Schlachttierart, sondern auch vom Alter, Geschlecht und von der Fütterung ab. Gerade das Fleisch-Fett-Verhältnis des Fleisches eines Schlachttieres ist für Aussagen über die Qualität bedeutungsvoll. Wird Fleisch für den menschlichen Genuß verarbeitet, so ist es durch Beauftragte der Gesundheitsbehörde vor und nach dem Schlachten zu untersuchen.

Ausgeliefertes Fleisch muß vor dem Zubereiten abhängen; denn es wird dadurch nicht nur mürbe, sondern es bilden sich auch Geschmacksstoffe (Reifeprozeß).

Aus der folgenden Übersicht ist erkennbar, welche Teile des Tierkörpers für die Herstellung bestimmter Gerichte verwendet werden.

Die Verarbeitung von Rind, Kalb, Schwein und Hammel zu den verschiedensten Gerichten in der Küche

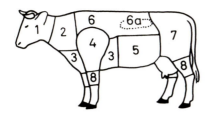 

	Rind 1 Kopf 4 Schulter/Blatt 6a Filet 2 Hals 5 Bauch 7 Keule 3 Brust 6 Rücken, gesamt 8 Hesse	Kalb 1 Kopf 4 Blatt 5a Filet 2 Hals 5 Rücken, 6 Keule 3 Brust gesamt 7 Haxe
Kopf	Fleischsalate und Brühen	zu Suppen – Mockturtlesuppe
Hals	Gulasch, Hackfleisch	Frikassee
Brust	frisch oder gepökelt für Brühen und Eintöpfe	Kalbsbrust gefüllt und gerollt, Frikassee, Ragout, Gulasch
Schulter, Blatt, Bug	Gulasch, Schmorbraten, Hackfleisch, Sauerbraten	Ragout, Gulasch
Bauch (Dünnung)	Wurstwaren	Ragout
Rücken mit Filet	Porterhousesteak	Kalbsrücken im ganzen Stück ohne Filet
Roastbeef	Entrecôte double, Rumpsteak, Roastbeef, Rostbraten	Kotelett, Kalbssteak, Kalbsnierenbraten
Filet	Filet im ganzen Stück, Filetsteak, Grenadine, Tournedos, Chateaubriand double, Filetgulasch, Tartar	Kalbsfilet am Spieß, Kalbsmedaillon
Keule	Schmorbraten, Sauerbraten, Rouladen, Schabefleisch	Kalbsbraten, Kalbsschnitzel nature, Rouladen, Kalbskeule gespickt, Wiener Schnitzel, Kalbssteak
Hesse, Haxe	Gulasch, Brühen, Aspik oder zum Klären	Kalbshaxe oder Kalbsfüße gebraten, gebacken, gekocht
Schwanz	Suppen, Ragout	
Innereien	Hirn, Zunge, Herz, Lunge, Leber, Nieren	Hirn, Zunge, Herz, Lunge, Leber, Nieren, Kalbsgekröse und -milch

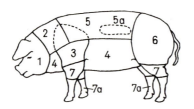 

	Schwein		Hammel
	1 Kopf	5a Filet	1 Kopf
	2 Hals	6 Keule	2 Hals
	3 Schulter	7 Haxe	3 Schulter
	4 Bauch	7a Füße	4 Brust
	5 Rücken, gesamt		5 Rücken
			6 Keule
Kopf	gekocht für Suppen und Sülzgerichte, gebacken		—
Kamm	Schweinebraten, Pökelkamm, Kaßlerkamm		für Ragout und Hackfleisch
Blatt (Schulter)	Hackfleisch, Gulasch		Ragout, zu Eintöpfen oder gekocht mit weißer Soße
Bauch, Brust	Schweinebauch gebacken oder gebraten, Wellfleisch		Eintöpfe, Irish Stew, Rollbraten und Ragout
Rücken	Jungschweinsrücken, Kotelett, Kaßler, Filet		Kotelett, Schaschlyk, Braten, Mutton-chop
Schinken, Keule	Schweinebraten, -schnitzel, -roulade, Schaschlyk		Hammelkeule gebraten oder geschmort, Steak, Schaschlyk
Haxe	Eisbein, Spitzbein, Sülze		Haxe geschmort
Innereien	Hirn, Zunge, Herz, Lunge, Nieren, Leber		Hirn, Leber, Herz, Nieren

Das Tranchieren von Schlachtfleisch

Rind

Vom Rind werden meist nur das Roastbeef, das Filet oder Teile davon am Tisch tranchiert. Kenntnisse über Knochenbau und Verlauf der Fleischfasern, gute Vorbereitung, insbesondere aber scharfe Tranchiermesser, sind entscheidend für das Gelingen der Arbeiten am Tisch. Nichts ist peinlicher, als fehlende Gegenstände holen zu müssen, während die Speisen bereits auf dem Service- oder Ansatztisch stehen.

Doppeltes Lendenstück (Chateaubriand double)

Das doppelte Lendenstück wird aus dem Rinderfilet geschnitten. Mit einem Gewicht von ungefähr 400 bis 500 Gramm ist es ausreichend für zwei Personen. Da es sich hier um die doppelte Menge Fleisch wie sonst für eine Portion handelt, wird es auch als doppeltes Filetsteak bezeichnet. Bild 72 zeigt ein Chateaubriand double umlegt mit verschiedenem Gemüse. Während die Platte auf einem Tischrechaud warmge-

72

73

stellt wird, nimmt der Kellner mit dem Vorlegebesteck das Fleisch herunter und legt es auf einen heißen Teller. Ein Tranchierbrett wird nicht benutzt.

Das Fleisch wird gegen die Faser tranchiert. Als erstes schneidet der Kellner einen Anschnitt ab. Es folgen vier gleichmäßig große Tranchen (Bild 73). Die Schneide des Messers zeigt dabei schräg zum Trancheur. Die Tranchiergabel wird auf das Fleisch gelegt und gibt beim Schneiden den notwendigen Halt.

Der Kellner legt die Tranchen geordnet auf die Platte zurück. Je nach Dauer der Garzeit tritt mehr oder weniger Fleischsaft beim Schneiden heraus, der *ohne zusätzliches Würzen* mit dem Löffel über das auf der Platte angerichtete Fleisch zu geben ist.

Doppeltes Rumpfstück (Entrecôte double)

Das Entrecôte double wird aus dem Roastbeef geschnitten. Die Anrichteart und das Schneiden auf dem Teller entsprechen dem Chateaubriand double.

Porterhousesteak

Ein Fleischgericht für vier Personen ist das Porterhousesteak, das aus einem Filetsteak und einem doppelten Rumpsteak mit verschiedenem Gemüse besteht. Ohne beide Teile vom Knochen zu lösen, wird es in der Küche gebraten oder gegrillt. Auf das sauber parierte Ende der Rinderrippe wird eine Papillote gesteckt. Diese greift der Kellner mit der linken Hand und stellt das Porterhousesteak mit dem Wirbelknochen nach unten auf das Tranchierbrett (Bild 74).

74

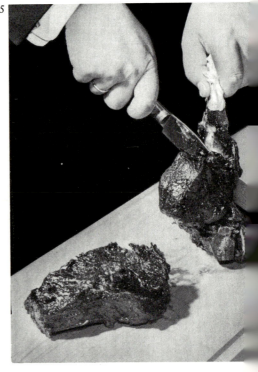

75

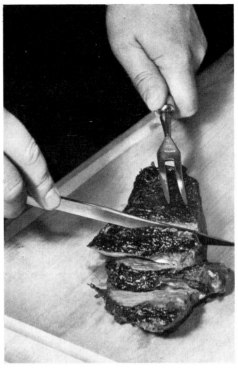

Das Messer wird von oben dicht am Knochen entlanggeführt und löst nacheinander Rumpsteak und Filet. Die Reihenfolge ist dabei gleichgültig (Bild 75). Beide Fleischteile werden in entsprechende Tranchen geschnitten (Bilder 76 und 77) und wieder auf die warmgestellte Platte gegeben oder sofort vorgelegt.

Rinderfilet

Ein ganzes Rinderfilet ist für acht bis zwölf Personen ausreichend. Das Tranchieren

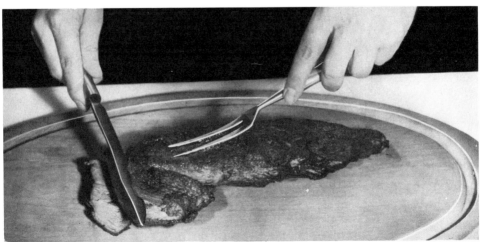

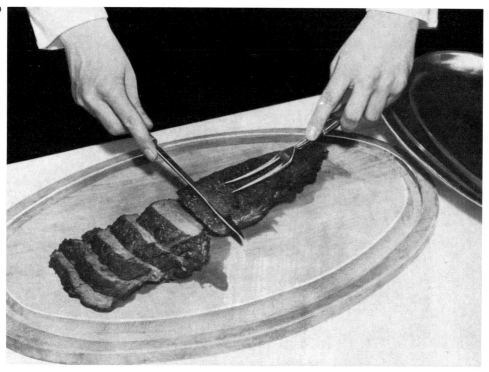

muß sehr schnell vonstatten gehen. Am Filetkopf beginnt man (Bild 78). Der Kellner schneidet von rechts nach links in gleichmäßige Tranchen (Bild 79). Ist das Filet zerlegt, wird das Fleisch auf die Platte zurückgetan und von dort aus angerichtet. Das Spicken des Rinderfilets mit Speck ist in letzter Zeit weniger üblich, da für den menschlichen Körper zuviel tierisches Fett nicht gesund ist.

Friture modern

In der Küche werden für die entsprechende Personenzahl angerichtet: Filets von Schlachttieren, Leber und Speck in nicht zu große Würfel geschnitten, Cocktailwürstchen, Essiggemüse – Mixed-Pickles –, kleine Gewürzgurken sowie Erdnußkerne, Perlzwiebeln, geriebener Sahnemeerrettich, Salzbrezeln und Oliven. Champignonköpfe, Tomatenviertel, frische Gurkenscheiben, Sellerie oder kleine grüne Bohnen, allerdings schon mundgerecht und mariniert, ergänzen die Zutaten.
Der Austausch der Zutaten bietet eine Vielzahl von Möglichkeiten. Verschiedene handelsfertige Soßen, wie Worcestersauce, Tomatenketchup, verfeinern den Geschmack. Auch von der Küche hergestellte Soßen finden Verwendung. Hierzu zählen die Soßen Remoulade, Tartar sowie Choron, Hollandaise und Bearnaise.
Die Auswahl bleibt dem Gast und der Küche vorbehalten. Der Tisch ist so einzudecken, wie es das Bild 80 zeigt. Pflanzenöl oder Hartfett wird in der Friture erhitzt. Der Gast bedient sich selbst, indem er die Fleischstückchen auf ein Holzstäbchen oder die Frituregabel spießt und im Fettbad gart. Salz, Paprika, Pfeffer und Senf werden zum Würzen eingesetzt.

Getränkewahl

Die Regel sagt, zu „dunklen Speisen, dunkle Weine". Rindfleisch ist dunkles Fleisch. Zu ihm paßt ein leichter bis mittlerer Rotwein. Nicht zu kräftig im Alkohol, aber würzig im Bukett, ergänzt er das aus Rind bereitete Mahl.

Kalb, Hammel, Schwein

Vom *Kalb* wird recht wenig am Tisch bereitet. In der Mehrzahl werden die aus Kalbfleisch hergestellten Speisen in der Küche aufgeschnitten und portioniert. Das gleiche trifft auch für Hammel und Schwein zu. (Die verbliebenen Gerichte werden nachstehend erläutert.)

Kalbshaxe

Die Kalbshaxe, je nach Größe für eine bis drei Personen, ist eine Spezialität für Kenner. Bei der Kalbshaxe – nach Hausfrauenart bereitet – wird das auf der Haxe

80

angerichtete Gemüse heruntergenommen. Das Fleisch sollte so zart sein, daß es sich ohne weiteres mit dem Löffel vom Knochen trennen läßt (Bild 81). Voraussetzung ist, daß bereits in der Küche das Fleisch vom unteren Gelenkansatz gelöst wurde. Ist die Kalbshaxe für eine Person zubereitet, kann man sie auf der Platte auslösen. Bei einer größeren – für zwei oder drei Personen – wird das Fleisch auf einem Tranchierbrett vom Knochen getrennt und mit dem Tranchierbesteck gegen die Faser in schräge Tranchen geschnitten (Bild 82).

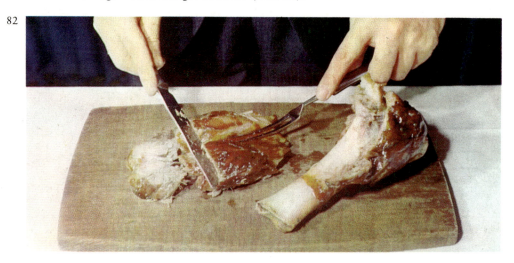

7 Gekonnt serviert

Berliner Eisbein

Beim Eisbein mit Erbspüree und Sauerkraut ist weniger ein Tranchieren erforderlich als vielmehr das Herauslösen des Knochens. Da viele Gäste dieses gern selbst tun, übernimmt der Kellner die Aufgabe nur auf ausdrücklichen Wunsch. Mit der Gabel des Vorlegebestecks hält er den Knochen, während er mit dem Löffel das Fleisch halbiert. Nachdem die erste Hälfte mit den entsprechenden Beilagen vorgelegt wurde, löst er die andere Hälfte und stellt die Platte bis zum Nachservice warm.

Schaschlyk, flambiert

Schaschlyk kann gebraten oder gegrillt genossen werden. Der Feinschmecker wird jedoch beides flambiert bevorzugen (Bild 83). Am zweckmäßigsten ist es, wenn der Schaschlyk gleich auf dem Teller vom Spieß abgezogen wird. Dazu erfaßt der Kellner mit der Papierserviette den Spieß und lockert das Fleisch. Danach schiebt er nicht etwa das Fleisch herunter, sondern hält es mit dem Vorlegebesteck fest und zieht unter leichtem Drehen den Spieß heraus (Bild 84).

Getränkewahl

Kalb- und Schweinefleisch sind hell. Nach der wiederholt angeführten Regel empfiehlt sich Weißwein in guter Qualität und mit lieblich würziger Note. Spätlesen oder Trockenbeerenauslesen sind zu bukettreich und aromatisch. Zum Eisbein paßt kein Wein, sondern Bier und Trinkbranntwein.
Hammelfleisch ist im Aussehen dunkel. Wegen seines eigenartigen Geschmacks wird das Hammelgericht durch einen kräftigen, mittelschweren Rotwein abgerundet.

84

5.5.2. Das Haarwild

Unter Wild oder auch Wildbret sind die jagdbaren Tiere im Wald und Flur zu verstehen. Durch die verschiedenen Schonzeiten bedingt, kann Wild nicht immer in frischem Zustand angeboten werden, doch besteht heute die Möglichkeit, Teile des Wildes, besonders Rücken und Keule, tiefgefroren aufzubewahren und später zu verarbeiten.
Der Nährwert des Wildfleisches, bezogen auf Eiweiß, Vitamine und Mineralstoffe, kommt dem mageren Rindfleisch gleich. Der Fettanteil ist (außer beim Wildschwein) bei allen Wildarten verhältnismäßig gering. Deshalb war es bisher üblich, bestimmte Teile des Haarwildes, beispielsweise Rücken und Keule, zu spicken. Entsprechend den modernen ernährungswissenschaftlichen Erkenntnissen ist es nicht angebracht, den menschlichen Körper zu stark mit tierischem Fett zu belasten. Deshalb kommt man mehr und mehr vom Spicken ab.

Die Einteilung des Wildes:
Wir unterscheiden zwischen *Haarwild* — Hase, Reh, Hirsch, Ren, Wildschwein — und *Federwild* (5.5.3.)

Tranchieren des Haarwildes
Vom Wild wird meist nur der Rücken am Tisch zerlegt. Besonders handelt es sich um Reh-, Hasen- oder Wildkaninchenrücken. Der Gemsbraten ist nur noch sehr selten auf einer Speisekarte zu finden. Diese Gebirgstiere stehen in Europa vielfach unter Naturschutz, um sie vor dem Aussterben zu bewahren.
Hirsch und Wildschwein sind so groß, daß ihre Rücken und Keulen besser in der Küche zerlegt werden. In seltenen Fällen, z. B. bei Jagdessen, geschieht das am Tisch. Vornehmlich auf dem kalten Büfett werden die Wildrücken — genau wie bei Kalbsrücken erläutert — als Schaustücke verwendet.

Rehrücken
Ein ganzer Rehrücken ist ausreichend für vier bis sechs Personen. Die Tranchiergabel hält den Rücken, ohne hineinzustechen, fest. Das Messer wird neben der Wirbelsäule angesetzt (Bild 85). Mit einem Längsschnitt ist das Fleisch bis zu den Rippen zu lösen. Kantet der Kellner mit dem Messer die Tranche etwas an, so liegt die Schneide waagerecht auf den Rippen. Ohne weiteres läßt sich das Fleisch vom Knochen herunterdrücken, wenn es in der Küche oberhalb der Rippen bis zum Rückenwirbel angelöst wurde. In schrägen gleichmäßigen Tranchen wird von rechts nach links portioniert (Bild 86). Es kann sofort vorgelegt werden, während der Trancheur weiter zerlegt. Ebenso ist es üblich, alle Schneidearbeiten zu Ende zu führen, die Tranchen wieder auf der Platte zusammenzusetzen und dann vorzulegen. Eine andere, wenn auch seltenere Methode ist das Schneiden von ungefähr einem Zentimeter starken Tranchen (Bild 87). Je nach der Zahl der Portionen oder der Länge des Rückens werden die Tranchen quergeteilt. Die beiden unterhalb des Rückens liegenden Filets werden herausgeschnitten (Bild 88).
Es ist auch möglich, die Filets mit dem Löffel herauszudrücken (Bild 89). Dies trifft beispielsweise für die Einzelportion Rehrücken zu, wenn das Fleisch schon in der Küche ausgelöst wurde. Hierbei ist es erlaubt, das Auslösen mit dem Vorlegebesteck

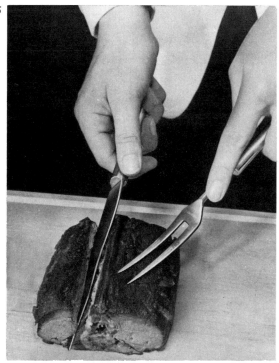

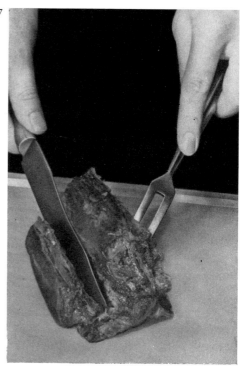
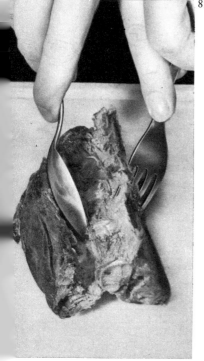

91

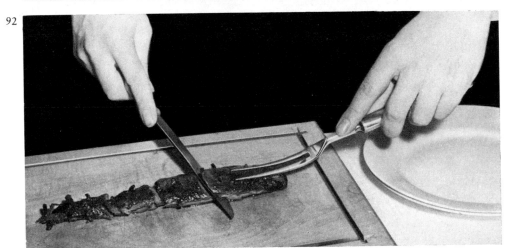

92

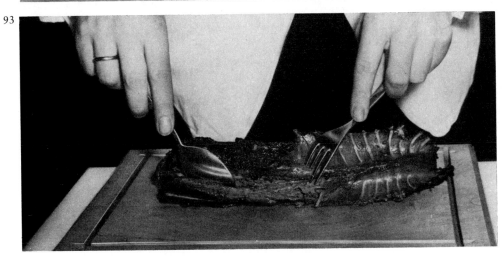

93

auf der Platte vorzunehmen (Bild 90). Sind es aber zwei Portionen, schneidet man Rücken und Filet mit dem Messer auf dem Tranchierbrett heraus.

Hirschrücken

Den Hirschrücken löst der Kellner genauso wie den Rehrücken aus. Das Portionieren geschieht jedoch anders. Die Tranchen werden fast senkrecht und dünner geschnitten, weil der Hirschrücken im Umfang stärker ist.

Hasenrücken

Ohne weiteres ist es möglich, einen zarten Hasenrücken mit dem Löffel auszuschälen (Bild 91). Sollte er fester sein, ist das Tranchierbesteck zu benutzen (Bild 92). Der Hasenrücken kann ebenso auf der Platte mit dem Löffel portioniert werden. Die Filets unterhalb des Rückens sind auszulösen und zu servieren (Bild 93). Als Beilage zum Wild sind Preiselbeeren begehrt. In einem Kompottschälchen angerichtet, werden sie *rechts* neben dem Teller eingesetzt.

Getränkewahl

Das Wild mit seinem arteigenen, kräftigen Geschmack, ergänzt mit einem gehaltvollen Wein, ist bei allen Feinschmeckern beliebt. Feuriger, schwerer und bukettreicher Rotwein stellt die richtige Verbindung zwischen Speise und Getränk her.

5.5.3. Das Haus- und Wildgeflügel (Federwild)

Hausgeflügel — besonders Hühner — ist eine leicht bekömmliche und gut verdauliche Kost, die sich gekocht auch vorzüglich als Schonkost eignet. Geflügelfleisch enthält unter anderem Eiweiß, Fett, Vitamine A, B-Komplex, C sowie die Mineralstoffe Phosphor, Schwefel, Kalium und Eisen. Es ist wie alle anderen Fleischarten säurebildend. Zum *Hausgeflügel* zählen Broiler bzw. Goldbroiler (durch industrielle Mast gezüchtete junge Hähnchen und Hühner, die nach einer Mastzeit von etwa 50 Tagen schlachtreif sind), Masthahn (Kapaun), Masthuhn (Poularde), Huhn, Pute, Taube, Ente und Gans. Ente und Gans sind durch ihren zum Teil sehr hohen Fettgehalt (Mast) schwer verdaulich.
Zum *Wildgeflügel* zählen Auerhahn, Birkhahn, Hasel- und Bleßhuhn, Fasan, Schnepfe, Rebhuhn, Schneehuhn, Wildente und Wildgans. Die ernährungsphysiologische Bedeutung des Wildgeflügels gleicht der des Haarwildes.
In der Küche wird das Geflügel zu Salaten, Suppen, Ragouts, Frikassee, Salmi oder zu Aspikgerichten verarbeitet bzw. im ganzen gebraten.

Tranchieren des Haus- und Wildgeflügels

Für das Zerlegen des Geflügels am Tisch trifft im Prinzip das zu, was bereits im Verlaufe des Abschnitts über Haarwild erläutert wurde. Genaue Kenntnis des Knochenbaues, des Verlaufs der Muskelfasern und ein einwandfreies Tranchierbesteck sind die Voraussetzungen für ein schnelles und sicheres Arbeiten.

94

Halbes Brathuhn – Broiler

Es sieht nicht appetitlich aus, wenn dem Gast das bestellte halbe Brathuhn oder der Broiler gleich in einem Stück auf den Teller gelegt wird. Deshalb ist zuvor die Keule von der Brust zu lösen. Hierbei gibt es zwei Möglichkeiten, die sich nur unwesentlich voneinander unterscheiden.
Mit der Gabel wird in das Gelenk der Keule gestochen, während der Löffel die verbindende Haut zwischen Brust und Keule löst (Bild 94). Die Keule wird hochgehoben, und mit dem Löffel trennt der Kellner das sichtbar werdende Gelenk der Keule sowie die restlichen Fleischfasern. Sodann wird die Brust vorgelegt, während die Keule warmzustellen ist. Das Einstechen kann auch unterbleiben, indem die Brust mit der Gabel gehalten und die Keule, wie bereits beschrieben, abgelöst wird.

Brathuhn – Goldbroiler

Das gebratene oder gegrillte Huhn bzw. den Goldbroiler legt der Kellner seitlich auf das Tranchierbrett. Mit der Gabel sticht er so in die Keule, daß sich das Gelenk ungefähr zwischen den beiden Gabelzinken befindet, und mit dem Messer schneidet er alsdann die Haut etwas ein (Bild 95). Das Messer hält den Körper fest, während die Gabel die Keule nach hinten abzieht. Der geschilderte Einstich der Gabel hat den Vorteil, daß größere Keulen – das trifft besonders für Poularde und Kapaun zu – geteilt werden können, ohne nochmals einstechen zu müssen (Bild 96). Nachdem beide Keulen gelöst wurden, legt der Kellner das gebratene Huhn bzw. den Goldbroiler auf den Rücken – die Brust zeigt zum Trancheur – und schneidet den

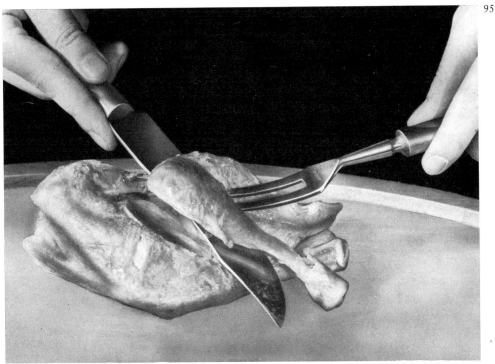

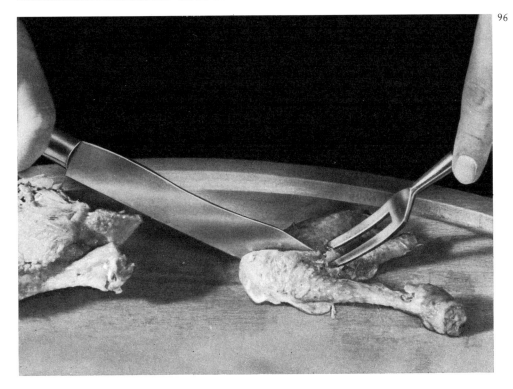

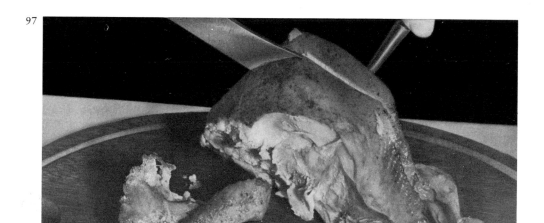

97

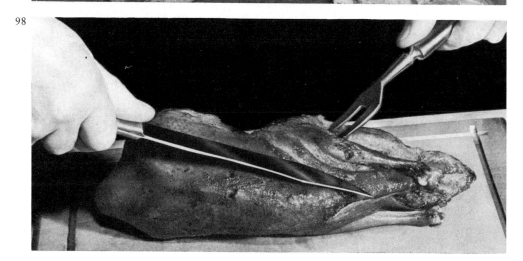

98

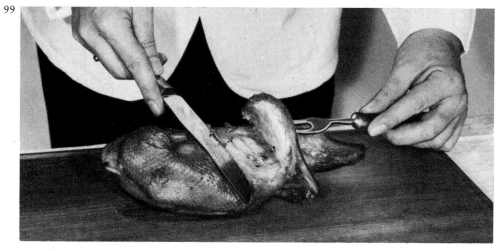

99

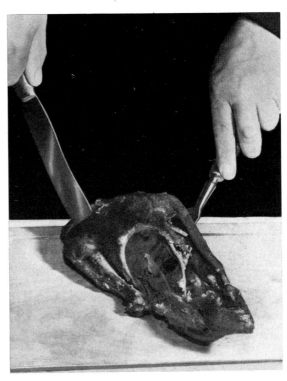

Flügelknochen mit einer Scheibe Brustfleisch herunter (Bild 97) oder trennt mit einem Schnitt Brust- und Flügelstück ab (vgl. Bild 100). Werden die abgelösten Fleischteile nicht sofort vorgelegt, ist das Fleisch auf der warmgestellten Platte anzurichten (vgl. auch das Anrichten der Ente).

Geflügel kann vom Gast in die Hand genommen werden. Deshalb ist es notwendig, für jeden Gast gesondert, rechts vom Teller, eine *Fingerschale* einzusetzen (vgl. Seite 24, Bild 8).

Ente

Das Fleisch der Ente ist etwas fester als das des Brathuhns. Deshalb ist das Tranchieren auch schwieriger. Die Ente wird auf die Seite gelegt, und der Kellner sticht mit der Gabel in die Keule. Mit dem Messer folgt ein kurzer runder Schnitt. Wie Bild 98 zeigt, hält der Trancheur das Messer parallel zur Ente und führt es dann mit einem Schnitt um die Keule herum. Die Keule wird nach hinten abgezogen. Das Messer übt gleichzeitig einen Gegendruck aus und hält so den Braten fest (Bild 99). Die zweite Keule wird anschließend entfernt. Beide können noch durchtrennt werden. Ist die Ente sehr jung oder auch klein, löst der Kellner von der Bauchöffnung aus Brust und Flügel mit einem Schnitt (Bild 100) wie bei einem Brathuhn. Ein zweiter Schnitt trennt Brust und Flügelstück (Bild 101).

Bei der Ente gibt es ebenfalls noch andere Möglichkeiten des Tranchierens, zum Beispiel wird das Flügelstück mit einer nur kleinen Scheibe Brustfleisch ausgelöst und die Brust mit dem Tranchiermesser gelockert. Durch einen Längsschnitt am Brustbein entlang wird das Brustfleisch abgehoben und je nach Größe in Tranchen

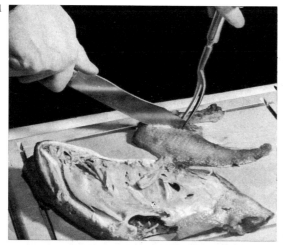

geteilt. Das Schneiden dünner Tranchen von der Brust nach dem Entfernen des Flügelstücks ist eine weitere Möglichkeit. Es wird gewöhnlich nur bei größerem Geflügel vorgenommen.

Ganz gleich, welche Art der Kellner bevorzugt, wichtig ist, stets sauber und schnell zu arbeiten und das Fleisch nicht auskühlen zu lassen. Eine Wärmeplatte verhindert vorzeitiges Abkühlen der Speise (Bild 102). Das gelöste Fleisch wird so angerichtet, daß von vorn nach hinten die Keulen, das Brustfleisch und die Flügelstücken liegen. Links befindet sich das Knochengerüst der Ente. Öfters wollen die Gäste den Bürzel (Stietz) essen. Er wird jedoch nur auf ausdrücklichen Wunsch serviert.

Großes Geflügel

Unter großem Geflügel versteht der Gastronom Gans und Pute. Die Keulen der Pute löst man durch einen Rundschnitt und zieht sie mit der Gabel ab (Bild 103). Zerteilt werden die Keulen im Gelenk (Bild 104) und durch einen Längsschnitt vom Knochen

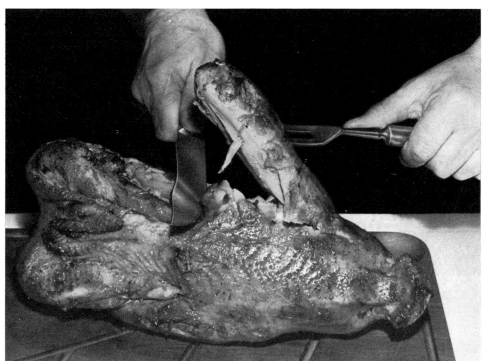

103

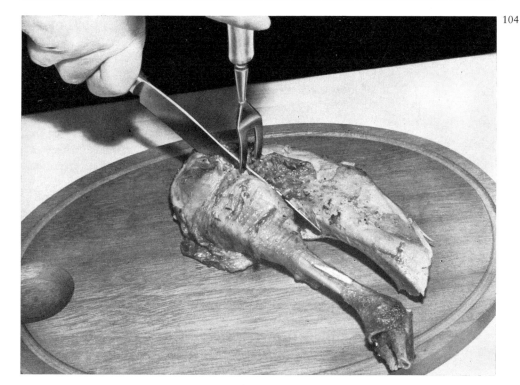

104

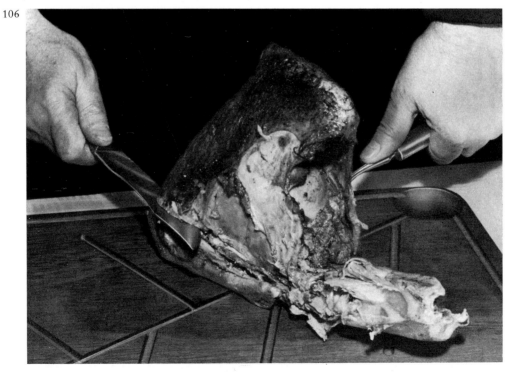

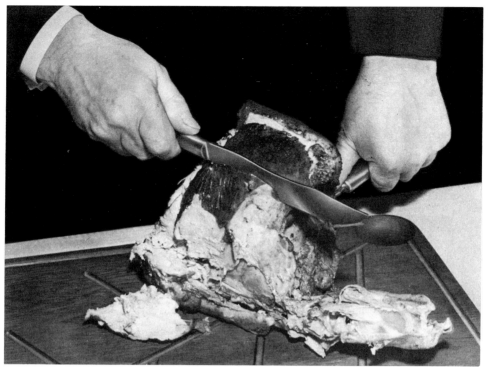

getrennt (Bild 105). Dabei entscheidet der Kellner entsprechend der Größe der Keule, ob er sie nochmals zerlegen muß.

Bei der Pute ist der Unterschenkel von Sehnen durchzogen. Diese müssen von der Küche entfernt worden sein. Ist das nicht der Fall, bietet man den Unterschenkel besser nicht an.

Um den Flügelknochen lösen zu können, empfiehlt sich ein Einschnitt (Bild 106). Der Flügelknochen kann aber auch gleichzeitig mit einer Tranche Brustfleisch abgetrennt werden. In diesem Fall ist abweichend vom Bild 106 senkrecht zu schneiden.

Das Brustfleisch wird entweder in einem Stück vom Knochen abgehoben und nochmals zerlegt, oder man schneidet dünne Tranchen von der Brust herunter (Bild 107).

Fasan

Der Fasan wird im Federkleid geliefert. Beim Rupfen passiert es oft, daß die Haut einreißt. Deshalb kann sie, vornehmlich an der Brust, beschädigt sein. Auch Schußverletzungen durch Schrot kommen bei Tieren, die in freier Wildbahn gejagt worden sind, mitunter vor.

Der zu bratende Fasan wird wegen seines verhältnismäßig trockenen Fleisches mit fettem Speck umlegt – bardiert – (Bild 108). Die Keule des Fasans ist wie bei anderem Geflügel abzulösen (vgl. Bild 95). Der Unterschenkel ist sehnig und meistens auch zäh. Nach dem Trennen vom Oberschenkel wird er nur auf Wunsch

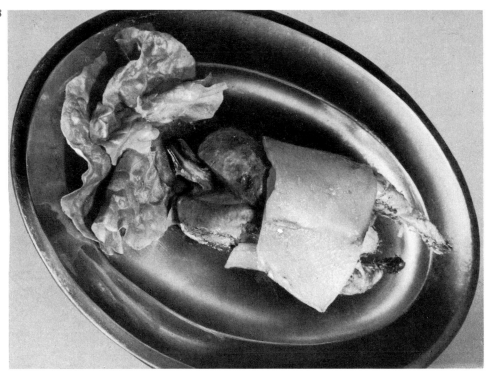

serviert. Unterhalb der Brust ist die Gabel in den Rücken zu stechen, um einen festen Halt zu haben. Seitlich, in Höhe des Flügelknochens – vom Trancheur aus gesehen –, wird der erste Einschnitt vorgenommen (Bild 109). Die andere Seite erhält den zweiten Schnitt, dabei bleibt das Geflügel mit der im Rücken steckenden Gabel unverändert liegen (Bild 110). Der Trancheur zieht das Messer am Brustbein entlang (Bild 111). Mit der Messerspitze wird die Brust gelockert, sie läßt sich dann leicht abheben. Die verbleibenden Flügelknochen sind zum Schluß abzulösen.

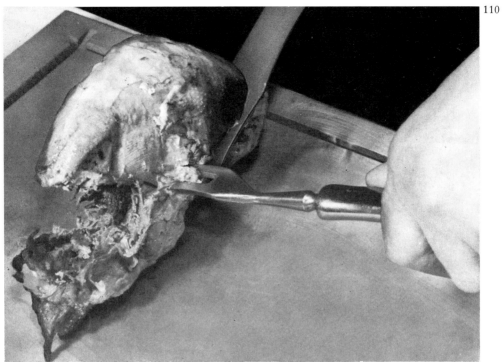
110

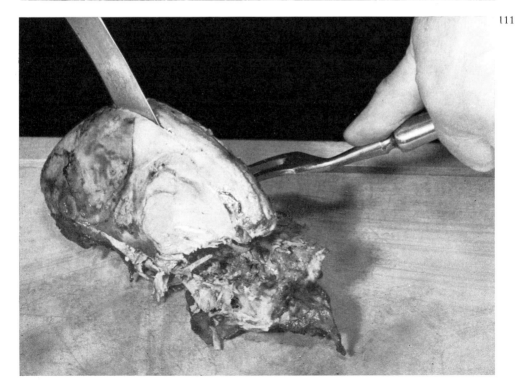
111

8 Gekonnt serviert

Sollte der Fasan sehr klein sein, wird er wie eine Taube nur halbiert, der gebratene fette Speck geteilt und beim Vorlegen auf der Brusthälfte angerichtet.

Taube

Die Taube erscheint sehr selten im Speisenangebot einer Gaststätte. Auf Grund ihres geringen Körpergewichts reicht ihr Fleischanteil meist nur für eine Person. Die Taube, ganz gleich ob Haus- oder Wildtaube, wird entweder in einem Stück oder halbiert serviert.

Das *übrige Wildgeflügel* ist wie folgt zu behandeln: Die Wildente läßt sich wie die Hausente zerlegen. Rebhuhn, Schnepfe und die seltenen Exemplare, wie Birkhahn, Schnee- und Haselhuhn, werden entsprechend ihrer Größe nur halbiert. Eventuell sind die Keulen vor dem Halbieren abzulösen.

Getränkewahl

Die Getränke zum Geflügel richten sich nach der Farbe des Geflügelfleisches. Weißwein wird zum Huhn, einschließlich Poularde und Kapaun, zur Pute und Taube serviert. Aus diesem Fleisch bereitete Gerichte erfordern hervorragende Weißweine, zum Beispiel Spätlesen, Trockenbeerenauslesen, Hoch- oder Spitzengewächse. Richtig ist es auch, einen Schaumwein (natur bis trocken) anzubieten. Rotwein wird zu Ente und Gans getrunken. Ein nicht zu schwerer Wein empfiehlt sich zum dunklen Fleisch dieses Hausgeflügels. Das Wildgeflügel harmoniert mit einem kräftigen bis schweren Rotwein bester Qualität.

5.6. Der Gemüsegang

Gemüse sind Kulturpflanzen oder Teile von ihnen, meist einjähriger Züchtung, die roh oder gegart verzehrt werden können. Die Erkenntnisse moderner Ernährung orientieren darauf, den menschlichen Körper gesund und widerstandsfähig zu erhalten. Deshalb ist bei der Zusammenstellung von Gerichten darauf zu achten, daß neben tierischen Lebensmitteln und Produkten ausreichend pflanzliche Erzeugnisse angeboten werden. Pflanzliche Produkte sind nicht nur magenfüllend und schmackhaft, sie haben auch für die Funktionen des Körpers große Bedeutung. Gemüse enthält neben Wasser und Zellulose geringe Mengen von kalorischen Stoffen: Eiweiß, Fett, Kohlenhydrate. Der besondere Wert des Gemüses liegt jedoch im Anteil an wasserlöslichen Vitaminen B-Komplex, C und dem fettlöslichen Provitamin Karotin, der Vorstufe des Vitamins A, sowie der Vorstufe zum Vitamin D, dem Ergosterin. Gemüse verfügt über wichtige Mineralstoffe, wie Kalzium, Kalium, Eisen und Phosphor. Weiterhin ist Gemüse basisch und trägt somit zur Regulierung des Säure- und Basenhaushaltes im Körper bei.
Um den Anteil an Vitaminen und Mineralstoffen nicht zu mindern, ist eine schnelle Vor- und Zubereitung von frischem Gemüse notwendig. Auch die Garungsart ist von Bedeutung, da durch zu lange Hitzebehandlung verschiedene Vitamine zerstört werden. Die schonendste Art, Gemüse zu garen, ist bis auf wenige Ausnahmen (Spargel, Blumenkohl, Schwarzwurzel) das Dünsten, das heißt das Garen im eigenen Saft. Muß Gemüse zur Herstellung von bestimmten Gerichten gekocht werden, so

ist in jedem Falle die Kochflüssigkeit mitzuverwenden. Um das ganze Jahr über Gemüse verarbeiten zu können, wird es in der Hauptsaison mittels verschiedener Verfahren konserviert. Gemüse, das frisch, sterilkonserviert oder gefrostet verarbeitet wird, ist aus der nachfolgenden Gliederung ersichtlich:

Blattgemüse	*Wurzelgemüse*	*Frucht- und Samengemüse*
Grünkohl	Möhren (Karotten)	grüne Bohnen
Mangold	Kohlrüben	grüne Erbsen
Rosenkohl	Radieschen	Gurken
Rotkohl	Rettich	Paprika
Spinat	rote Rüben	Tomaten
Weißkohl	Schwarzwurzel	Melone
Wirsingkohl	Sellerie	Kürbis
Chicorée	Wurzelpetersilie	
Endivie		
Feldsalat		
Kopfsalat		
Rapunzel		

Stengelgemüse	*Blütengemüse*	*Zwiebelgemüse*
Bleichsellerie,	Artischocke	Speisezwiebel
Kohlrabi	Blumenkohl	Porree
Spargel		Schnittlauch

Service

Als selbständiger Gang wird das Gemüse nach den strengen Regeln des klassischen Menüs ohne jede Fleischbeilage serviert. Das ist zum Beispiel bei frischem Stangenspargel, Champignons, Artischocken der Fall. Immer werden Messer und Gabel eingedeckt, auch für Stangenspargel, sofern zerlassene oder braune Butter sowie Soße vorgesehen sind.

Die Artischocke, natur serviert, bildet eine Ausnahme. Der Gast zupft die Blättchen mit der Hand und taucht sie in die Soße. Trotzdem sind Messer und Gabel einzudecken. Da die Artischocke mit den Händen berührt wird, ist eine Fingerschale einzusetzen. Die abgebildete Gemüseplatte (Bild 112) kann auch zum Porterhousesteak oder zum Rinderfilet gehören (vgl. Seiten 92 und 93).

Der Gemüsegang kann auch aus einem oder mehreren frischen Salaten bestehen. Aus Gründen der gesunderhaltenden Ernährung sollte Salat schon als Vorspeise serviert werden. Im Unterabschnitt 5.1.1. (Seite 52) – Gemüse- und Rohkostsalate – sind bereits für das Anmachen der frischen Salate am Tisch Hinweise und Grundrezepturen gegeben worden.

Getränkewahl

Zum Gemüse als selbständiger Gang eignet sich ein Weißwein hervorragender Qualität oder ein Schaumwein (natur bis trocken). Ist ein gleicher Wein schon zum

Bild 112

Bratengang – weißes Geflügel – serviert worden, behält man ihn für den Gemüsegang bei.

In der Praxis ist es jedoch nur in Ausnahmefällen üblich, das Gemüse als selbständigen Gang in Form von Gemüseplatten zu servieren (Bild 112). Gemüse und Salate gehören fast immer zum Haupt- oder Bratengang (vgl. Abschnitt 4.2.). Angenommen, die abgebildete Gemüseplatte gehört zum Porterhousesteak oder zum Rinderfilet, so richtet sich die Auswahl des Weines nach dem Fleischbestandteil, also ein leichter bis mittlerer Rotwein.

Als *à la carte-Gericht* werden beispielsweise überbackener Blumenkohl, Spargel mit Schinken oder Variationen verschiedenen Gemüses – Gemüseplatten – serviert.

Besteckwahl

In jedem Fall sind Messer und Gabel einzudecken.

Getränkewahl

Getränkeempfehlungen zu à la carte-Gemüsegerichten werden deshalb nicht gegeben, da Speisen dieser Art oft Gäste bestellen, denen dies ärztlicherseits geraten wurde – Schonkost – oder die sich auf pflanzliche Nahrung beschränken – Vegetarier.

5.7. Die Süßspeisen

Am Schluß eines Festessens ist es angebracht, die Verdauungssäfte noch einmal zu aktivieren. Das übernehmen die zu Süßspeisen verarbeiteten Rohstoffe sowie Käsegerichte und frisches Obst. Dieser Abschnitt beschränkt sich auf Süßspeisen, während Käsegerichte und Obst in den Abschnitten 5.8. und 5.9. behandelt werden. Die kalorischen Stoffe, die innerhalb einer Speisenfolge bereits bis dahin verzehrt wurden, belasten den Organismus stark mit Verdauungsaufgaben. Süßspeisen aktivieren die Sekretabsonderung, da alle Zuckerstoffe, Fruchtsäuren und Geschmacksträger anregend wirken. Man kann sowohl kalte als auch warme Süßspeisen anbieten.

Kalte Süßspeisen sind Milchsüßspeisen, Cremes, Reisspeisen, Savarins, Speiseeis, Halbgefrorenes (Parfait), Sorbets, Eisbecher, Eisbomben, Kompotte, Obstsalate, Gebäck (Torten, Kleingebäck, Teegebäck und ähnliches).

Als *warme Süßspeisen* werden bezeichnet: Aufläufe, Omeletts (confiture, Stephanie, Surprise), Beignets, Eierkuchen, Crêpes, Palatschinken, Charlotten oder Reis mit verschiedenen Früchten und der Plumpudding, also vorwiegend die sogenannten „großen" Süßspeisen.

Service

Der Service der Süßspeisen ist sehr umfangreich, weil es die Gaststätten und Hotelkonditoreien − Patisserien − verstehen, so viele den Gaumen und die Augen reizende Köstlichkeiten herzustellen, daß die Rezepturen nicht nur ein Buch füllen

113

würden. Uns kommt es hier darauf an, ausführlich das Flambieren und Anrichten am Tisch zu erläutern sowie Hinweise für die Wahl der Bestecke zu geben.

Besteckwahl bei kalten Süßspeisen

Der Kaffee- oder Eislöffel wird für portionierte Süßspeisen, wie Cremes, Reisspeisen, Kompotte und Eis, eingesetzt.

Die Dessertgabel gehört zu Torten und Kleingebäck, wie Obst- oder Dessertschnitten. Der Baumkuchen jedoch wird mit kleinem Messer und kleiner Gabel serviert. Die Kombination *Dessertgabel und Kaffeelöffel* wird zum Halbgefrorenen, zum Eisbecher (Bild 113) sowie zu Obst- und Fruchtsalaten eingedeckt. Wird Halbgefrorenes am Schluß eines Menüs serviert, ist es kein Fehler, das Entremetsbesteck aufzulegen. Die Entscheidung darüber bleibt dem Serviceleiter vorbehalten.

Die Portionen einer Eistorte oder einer Eisbombe sind ebenfalls mit Kaffeelöffel und Dessertgabel zu servieren. Muß die Eistorte oder Eisbombe noch geschnitten werden, geschieht das am Ansatztisch. Von hier aus ist sofort anzurichten (Bild 114). Entscheidet sich der Kellner für den französischen Service, wird das sogenannte Klammern angewendet (siehe Abschnitt 3.1.). Die Speise wird von der Platte aus direkt auf den kleinen Teller gelegt. Es wird also *nicht* auf einer Glasschale oder einem Glasteller angerichtet! Das trifft sowohl für Torten und Gebäck als auch für Obstsalate zu; kurzum für alle Süßspeisen, von denen mehrere Portionen in der Küche zusammen angerichtet wurden. Nur die Küche gibt Einzelportionen in Kompottschälchen aus, die vom Kellner auf einem kleinen Teller zu servieren sind.

114

Besteckwahl bei warmen Süßspeisen

Die warmen Desserts verlangen auf Grund ihrer Konsistenz, ihres Umfangs oder ihrer Füllungen das Entremetsbesteck. Als Beispiele seien Krapfen, Eierkuchen, Omeletts und Aufläufe angeführt.

Welche Teller zur warmen Süßspeise genommen werden, ist nicht Ansichtssache. Dafür gibt es feste Regeln. *Große warme Teller* erfordern die Süßspeisen, die auf Grund ihrer Garungsart durch und durch warm sind, zum Beispiel: Krapfen und Beignets (sie werden in der Friture gegart), Omeletts und Crêpes (sie werden in der Pfanne und auf dem Herd gegart), Omelett Stephanie (es wird in der Pfanne im Herd gegart).

Warme Süßspeisen, die mit Eisfüllungen zubereitet wurden, erfordern *große kalte Teller*, zum Beispiel: Omelett Surprise (dieses wird auf der Platte angerichtet und im Ofen überbacken – au four). Da nur Oberhitze in Frage kommt, schmilzt das im Innern befindliche Speiseeis nicht (siehe nachfolgend unter „Das Flambieren der Süßspeisen").

Der *kleine Teller* wird zu den Süßspeisen eingesetzt, deren Umfang kleiner ist, bei denen aber ebenfalls kalt und warm kombiniert wurde, zum Beispiel: flambierte Pfirsiche auf Speiseeis.

Getränkewahl

Süße Speisen verlangen süße Weine. Dieser Forderung entsprechen der Dessert- und der Schaumwein. Bei der Auswahl der Dessertweine ist kaum ein Fehlgriff möglich, wohl aber bei den Schaumweinen. Ein trockener oder halbtrockener Schaumwein harmoniert nicht mit einer süßen Speise. Entweder wird der Gast unzufrieden über die viel zu süße Speise sein, oder er empfindet den Schaumwein als zu herb. In Wirklichkeit ist lediglich nicht der richtige Geschmackstyp ausgewählt worden.

Das Flambieren der Süßspeisen

Die nachfolgenden Bilder befassen sich anschaulich mit den einzelnen Arbeitsvorgängen des Flambierens. Es gehört nicht nur Zeit dazu, sondern erst recht Wissen und Können. Das Flambieren erfordert Übung und Sicherheit, besonders da es der Kellner im Restaurant vor den Augen der Gäste ausführt. Der Kellner muß immer wissen, *was* im *richtigen* Moment zu geschehen hat. Das wahllose Sengen und Brennen, das „Flambieren zur Schau", sollte er unterlassen. Die zu verwendenden erstklassigen Zutaten machen die Speisen verhältnismäßig teuer.

Die notwendige Ausrüstung

Für das „Kochen" oder Flambieren am Tisch ist die entsprechende Ausrüstung erforderlich. Dazu gehören Tisch- und Flambierrechauds sowie Pfannen und Tiegel in verschiedenen Größen (Bild 115). Kleine Pfännchen oder Kellen für den Alkohol sind ebenfalls notwendiges Zubehör. Diese Geräte sollten sich stets in einem sauberen Zustand befinden und sind vor ihrem Gebrauch auf Funktionsfähigkeit zu überprüfen.

Passende Zutaten

Die nachstehende Aufstellung zeigt die Variationsmöglichkeiten und gibt gleichzei-

tig eine Grundlage für die Anfertigung der Rezepturen. Früchte, Soßen und Alkohol können variiert werden.

Frucht	*Alkohol*	*Soße*
Ananas	Weinbrand, Kirschwasser	Orange
Apfel	Arrak, Rum	Pfirsich, Orange
Aprikose	Aprikosengeist, Kirschwasser	Erdbeere, Himbeere
Banane	Weinbrand, Kirschwasser, Aprikosengeist	Schokolade, Erdbeere
Birne	Weinbrand, Rum	Schokolade, Vanille
Orange	Pfirsichgeist, Weinbrand	Vanille
Pfirsich	Pfirsichgeist, Weinbrand	Erdbeere, Himbeere

Als Garnitur sind üblich: Schlagsahne, geriebene Mandeln oder Nüsse, Pistazien, Kokos- oder Schokoladenraspeln.

Omelett Surprise

In der Küche wird die Mitte einer Platte mit Biskuits ausgelegt. Darauf kommt geschichtetes Halbgefrorenes oder Speiseeis, das mit Biskuits abzudecken ist; die Omelettmasse wird darüber garniert und im Ofen kurz überbacken (Bild 116).
Mit Weinbrand *kann* das Omelett Surprise (Überraschungsomelett) flambiert werden. Allerdings ist dieser nur sehr langsam und breit darüber zu geben (Bild 117). Der gesüßte Eiweißschnee sollte nicht schwarz werden. Die Spitzen sind bis zum Biskuitboden hin mit dem Vorlegebesteck abzutrennen und nur auf Wunsch des Gastes nachzuservieren. Das Omelett Surprise wird halbiert (Bild 118). Biskuit und Eis sind zu zerteilen. Vorsichtig wird vorgelegt (Bild 119).

Pfirsich flambiert
Die Zutaten werden rationell und dem Arbeitsablauf gemäß auf einer Silberplatte
– neben der notwendigen Servierausstattung – bereitgestellt.
Man gibt Puderzucker in die erhitzte Pfanne und bringt ihn unter ständigem Rühren
so zum Schmelzen, daß er leicht karamelisiert (Bild 120). Anschließend werden
Butter und gehackte Nüsse oder auch Mandeln dem karamelisierten Zucker zuge-

121

122

123

setzt (Bild 121). Ein langsames Abkühlen verhindert das unerwünschte Verhärten des Zuckers.

Sodann löscht der Kellner das Ganze mit Orangensaft und einem Schuß Curaçao ab. In den so bereiteten Fond werden die halbierten Pfirsiche gelegt und bei kleiner Flamme erwärmt. Dabei vermindert sich der Fond, das aber erhöht die geschmackliche Intensität. Die Flambierpfanne wird vom Rechaud genommen und der Alkohol (Weinbrand) in dem schräg gehaltenen Pfännchen an der Flamme entzündet. Der brennende Alkohol wird löffelweise über die Pfirsiche gezogen, das heißt, man flambiert diese. (Bild 122). Durch leichtes Schwenken der Pfanne erreicht man ein maximales Abbrennen des Alkohols. Die flambierten Pfirsiche können nunmehr angerichtet werden. Speiseeis und Sahne vervollkommnen diese reizvolle und zugleich delikate Süßspeise (Bild 123). Unser Beispiel zeigt eine Kombination zwischen warmer und kalter Süßspeise. Zahlreiche Abwandlungen mit Halbgefrorenem oder auch Säften sind in der Praxis üblich.

Bananenflambé

Der Kellner läßt die Butter in der Pfanne leicht Farbe nehmen. Für jede Portion rechnet man eine nicht zu große längsgeteilte Banane, die beiderseitig mit Puderzucker bestreut (Bild 124) oder darin gewälzt wird. An die Stelle des Puderzuckers können Kokosraspel, süße Mandeln oder gehackte Nüsse treten. Es ist auch möglich, diese Zutaten nach dem Flambieren über die Speise zu streuen. Die Bananen werden bei kleiner Flamme in der Pfanne mehrmals gewendet (Bild 125). Sind die Spitzen der Frucht weich, nimmt der Kellner die Pfanne vom Rechaud, entzündet daran den Alkohol im Pfännchen (Bild 126) und löscht das Flambiergerät. Mit dem brennenden Alkohol sind nunmehr die Bananen zu überziehen (vgl. Bild 122). Ein leichtes Schwenken der Pfanne hat zur Folge, daß der Weinbrand, das Kirschwasser oder der Aprikosengeist zum größten Teil abbrennt (Bild 127). Sehr schnell wird mit Schokoladensoße auf Erdbeerhalbgefrorenem angerichtet und sofort serviert (Bild 128).

124

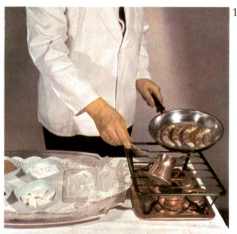

Crêpes

Crêpes sind kleine aus Mehl, Eiern und Zucker hergestellte Eierkuchen, die mit verschiedenen Füllungen oder Likörsoßen serviert werden können. Um einen vollendeten Geschmack zu erreichen, ist es üblich, speziell Crêpes Suzette auf dem Anstelltisch vor den Augen der Gäste zu flambieren.

Die vorbereiteten Crêpes werden in die heiße Pfanne gelegt, die vorher mit geschmolzener Butter und einem passenden Geschmacksträger versehen wurde (Bild 129). Dann wird der entzündete Alkohol über die Crêpes gezogen. Es wird empfohlen, die Pfanne dabei ein wenig zu schwenken, um den Alkohol zum größten Teil abbrennen zu lassen.

Crêpes als eine beliebte Speise für Kinder – gefüllt mit Konfitüre, Marmelade, gesüßtem Quark oder Obst und anderem – wird man aus verständlichen Gründen nicht flambieren.

129

5.8. Der Käsegang

Käse ist ein durch Bearbeitung der Milch und Reifung entstehendes Produkt. Der Fachmann unterscheidet

Frischkäse: Quark (ungereift), Harzer;
Weichkäse: Camembert, Roquefort, Gorgonzola, Limburger, Romadour;
Hartkäse: Tilsiter, Chester, Edamer, Emmentaler, Parmesan.

Käse enthält unter anderem vollwertiges Eiweiß, Fett, Kohlenhydrate, Vitamine A, B, B_2, PP und C sowie hochwertige Mineralstoffe, wie Kalzium, Kalium, Natrium und Eisen.
Der Käsegang schließt den Hauptteil des Menüs ab. Dazu ist Käse durch seinen hohen Fett- und Eiweißgehalt geeignet. Die Geschmacksnerven werden durch die in ihm enthaltenen Duft- und Aromastoffe nochmals angeregt und die Verdauungsdrüsen zur Sekretabsonderung veranlaßt.
In der Küche wird der Käse, zum Beispiel geriebener Hartkäse, für Suppen, Soßen und zum Teil für überbackene Gerichte verwendet. Käseplatten, -salate, -windbeutel, -gebäck und -würzbissen ergänzen das Speisenangebot.

Besteckwahl

Zum Käse werden ein kleines Messer und eine kleine Gabel eingedeckt. Warme Käsespeisen erfordern einen warmen flachen Teller, kalte Portionen einen kleinen Teller.

Getränkewahl

Zum Käse passende Getränke sind der trockene Dessertwein (niedriger Zucker-, hoher Alkoholgehalt) oder ein fülliger Rotwein. Ein Weinbrand von guter Qualität ist ebenfalls geeignet.

Käsefondue

Eine besondere, aus der Schweiz stammende Spezialität ist die Käsefondue. Sie wird warm aus einer Fonduepfanne vom Gast selbst entnommen und sofort verzehrt (Bild 130). Zweckmäßig ist es, die Käsefondue für mindestens 2 Personen anzurichten. Hierfür bereitet die Küche folgendes vor:

    geriebenen Käse,
    Weißwein,
    Sahne,
    Pfirsich- oder Himbeergeist,
    Gewürze (Paprika, Pfeffer, Worcestersoße) sowie
    Brotwürfel.

Der Kellner deckt den Tisch ein und setzt auf das angezündete Rechaud die vorgesehene Pfanne. Alle Zutaten, außer Brot, werden gut in der Pfanne vermischt und auf eine dickflüssige Konsistenz gebracht. Die Flamme des Rechauds wird gelöscht und die Masse noch einmal kräftig durchgerührt. Mit einer langstieligen Gabel spießt der Gast die vorbereiteten Brotwürfel auf und taucht sie in die Käsefondue.

5.9. Das Obst

Obst ist die Bezeichnung für alle genießbaren Früchte von Bäumen und Sträuchern oder auch von einzelnen Pflanzen und krautartigen Gewächsen. Es wird unterschieden zwischen

Kernobst:	Apfel, Birne, Quitte
Steinobst:	Aprikose, Kirsche, Pfirsich, Pflaume (einschließlich Mirabelle, Reneclaude),
Beerenobst:	Erdbeere, Himbeere, Johannis- und Stachelbeere sowie Weintraube,
Schalenobst:	Erd-, Hasel-, Para-, Walnuß,
Wildfrüchten:	Brombeere, Heidelbeere, Preiselbeere und Walderdbeere,
Südfrüchten:	Ananas, Banane, Dattel, Feige, Melone,
Zitrusfrüchten:	Mandarine, Orange, Pampelmuse, Zitrone.

Den ernährungsphysiologischen Wert des Obstes bestimmen die Vitamine A, der B-Komplex sowie in starkem Maße das Vitamin C. Andererseits ist ein großer Anteil an Mineralstoffen, besonders Kalium und Kalzium, vorhanden. Weitere wichtige Bestandteile sind Traubenzucker sowie Zellulose, die die Magen- und Darmperistaltik fördern. Das Obst reguliert darüber hinaus den Säuren- und Basenhaushalt im

131

Körper. Es kann frisch (Bild 131), gedünstet, als Kompott oder zu Salaten verarbeitet serviert werden.

Besteckwahl

Es werden eingedeckt:
kleines Messer und kleine Gabel zu frischer Ananas und Melone;
kleines Messer für Orangen, Mandarinen, Äpfel und Birnen;
Kaffeelöffel und Dessertgabel für Obstsalate, gedünstete oder konservierte Früchte in größeren Stücken, wie Äpfel, Birnen, Ananas und ähnliches;
Kaffeelöffel für Kompotte (dazu gehören das Beerenobst und die Wildfrüchte). Weintrauben werden ohne Besteck serviert, dafür sollte man eine Fingerschale einsetzen.

Getränkewahl

Zu süßen Speisen passen nur süße Getränke. Hier dominieren folglich der Dessertwein oder der süße Schaumwein. Zu frischem Obst sind Getränke nicht üblich.

6. Einige spezielle Angebotsformen

6.1. Das kalte Büfett

Staats- und Regierungsempfänge, Protokollunterzeichnungen, Premieren, Geschäftsabschlüsse, Cocktailempfänge und ähnliches bilden den Rahmen oder Anlaß für ein kaltes Büfett. Solche Veranstaltungen erfordern vom Leiter viel Organisationsvermögen, besonders wenn eine derartige gastronomische Aufgabe außer Haus gelöst werden soll. Bild 132 zeigt ein kaltes Büfett im Festsaal des Interhotels „Stadt Berlin".

Was ist für den Kellner beim Aufstellen eines kalten Büfetts zu beachten?

a) Das Büfett darf weder in unmittelbarer Nähe einer Wärmequelle (Heizkörper, Ofen, Kamin) noch in direktem Sonnenlicht aufgestellt werden. Hier zerlaufen nicht nur Speisen mit Aspik in jeder Variante, sondern alle Nahrungsmittel verlieren an Aussehen. Fleischtranchen werden grau; Käse trocknet aus; als Garnitur verwendete Salate, vornehmlich Kopfsalat, fallen zusammen.
b) Das Büfett soll sich in den Raum harmonisch einfügen. So läßt es sich mitunter nach den Beleuchtungskörpern ausrichten. Dadurch ist auch die Forderung nach einer gleichmäßigen Ausleuchtung des Büfetts erfüllt.
   Hat der Festraum indirekte Beleuchtung, so stellt man die Symmetrie übereinstimmend mit dem Parkett oder den Säulen her.

Eindecken des kalten Büfetts

Die herkömmliche Art, ein Büfett einzudecken, erfordert einige Übung: Viele Gäste sollen gleichzeitig Gelegenheit haben, sich am kalten Büfett zu bedienen. Deshalb werden zwei Reihen Restauranttische nebeneinander aufgestellt. Findet die Veranstaltung in einem eingerichteten Bankettsaal statt, sind in der Regel eigens dafür konstruierte Tische in entsprechender Breite vorhanden.
Am weitesten vom Eingang zum Festsaal entfernt beginnen die Kellner mit dem Eindecken. Die Tafeltücher werden so auf das Büfett gedeckt, daß die Webkante 8 bis 10 Zentimeter vom Fußboden entfernt ist (Bild 133). Das Tuch wird über das

Kopfende des Büfetts hinaus verlängert (Bild 134) und am Tisch befestigt (Bild 135). An der gegenüberliegenden Seite verfährt man gleichermaßen. Durch die Breite des Büfetts bedingt, ist es notwendig, die Mitte nochmals mit Tafeltüchern abzudecken. Von einem Aufbau – Erhöhen des Büfetts in der Mitte um 10 bis 40 Zentimeter durch einen Aufsatz – kommt man immer mehr ab. Die flache und nicht überladene Tafel wird bevorzugt.

In bestimmten Abständen werden kleine Teller aufgestellt (Bild 136), nicht mehr

als 15 Stück übereinander. Es folgen rechts davon die kleinen Messer, links die kleinen Gabeln. Auf dem freibleibenden Platz oberhalb der Teller können die Löffel für die Eisspeise und den Kaffee sowie die Servietten bereitgelegt werden. Sonderbestecke entfallen bei einem kalten Büfett – auch für Spezialitäten. Alle diese Hinweise gelten für ein Stehbankett. Sitzen die Gäste aber an Tischen oder Tafeln, so werden die kalten Vor- und Nachspeisen vom Büfett aus serviert, und zwar in der Reihenfolge, wie es im Menü vorgesehen ist.

Die moderne Form des kalten Büfetts

Immer häufiger wird das kalte Büfett kurz eingedeckt, das heißt, die Tisch- oder Tafeldecken werden wie auf einer Festtafel ausgebreitet (Bild 137). Durch diese Form wird Zeit beim Eindecken und damit Fachpersonal gespart. Außerdem ist weniger Tischwäsche notwendig. Die Speisen werden genauso angeordnet wie auf dem herkömmlichen Büfett.

137

In der Mitte befinden sich die Nachspeisen: Pralinen, Back- und Zuckerwerk, Obst. Ihnen folgen abwechselnd von innen nach außen: Platten mit den verschiedensten Braten von Schlachttieren, Wild und Geflügel, Käse. Danach schließen sich diverse Salate sowie Fischgerichte an.

Als Blickfang und Spitzenleistung der Küche werden Schaustücke aufgestellt (Bilder 138 bis 142). Hierzu zählen solche Delikatessen wie Hummer, Languste, Kaviar auf Eissockel, Rücken vom Kalb, Reh sowie ganze Fische und Geflügel. Die Vorspeisen erhalten weiter vorn ihren Platz: Cocktails, Mayonnaisen, Aspikspeisen, Räucherwaren, Pasteten, Würzbissen. Brot und Butter gehören in die Nähe der Teller. Das gesamte Büfett ist ähnlich einem umfangreichen Menü aufgebaut.

Zum Abschluß noch einige Hinweise: Platten und Vorlegebestecke dürfen niemals über den Rand des Büfetts hinausragen. Die Schnittflächen der auf den Platten angerichteten Nahrungsmittel zeigen, soweit das auf Grund der Anrichteweise möglich ist, zum Gast. Oft sind bei Veranstaltungen in der Nähe des kalten Büfetts rustikale (ländliche) Angebotsformen üblich. Das können Spanferkel sein, die vom Küchen- oder Servierpersonal tranchiert werden, aber auch Stände oder Wagen, die dekorativ gestaltet sind (Bild 141). Man bietet dort Waren der Saison, zum Beispiel Obst, an. Es können aber auch Käse, Fischerzeugnisse, Buletten, Würste, Schinken, Broiler und anderes im verzehrbereiten Zustand sein. Andernfalls wird ein Mitarbeiter den Gästen beim Portionieren behilflich sein müssen.

138

139

140

Eine Möglichkeit des rustikalen Angebots von kalten Speisenkomponenten

142

6.2. Das Frühstücksbüfett

Zu den modernen Formen des kalten Büfetts gehört das Frühstücksbüfett (Bild 143). Es genügt den höchsten Ansprüchen. Entgegen der traditionellen Form des Frühstücksangebotes im Hotel bedient sich der Gast zu einem Teil selbst. Er braucht also mit seiner Frühstücksbestellung nicht auf den Kellner zu warten, sondern kann sofort mit der Morgenmahlzeit beginnen. Diese Form des Angebotes gereicht sowohl dem Gast als auch dem Hotel oder Restaurant zum Vorteil.

Im Restaurant wählt sich der Gast seine Speisen am kalten Büfett aus und bedient sich selbst. Die Kellner sind hauptsächlich für die warmen Speisen und Getränke, das Nachdecken und das Kassieren zuständig. Letzteres erübrigt sich dort, wo der Preis für das Frühstück in den Übernachtungspreis einbezogen ist.

Die kalte Küche wird entlastet, die Belastungsspitzen fallen weg, die Arbeit geht gleichmäßig vonstatten. Fast alle Vorarbeiten für das Frühstücksbüfett können am Abend zuvor erledigt werden. Am Morgen sind mit dem Anrichten und der Herausgabe der Speisen weitaus weniger Mitarbeiter in der kalten Küche beschäftigt, als das bei traditioneller Übermittlung der Gästewünsche der Fall ist.

Die Praxis beweist, daß durch die Auswahl der Speisen am Frühstücksbüfett der Umsatz steigt.

Maßgebend für die Größe des Büfetts ist die Stuhlkapazität bzw. die Gästefrequenz. Der günstigste Platz für das Büfett ist eine zentrale Stelle im Restaurant, zum Beispiel in der Nähe des Eingangs zum Gastraum oder zum Office. Um das Frühstücksbüfett, das wie im Abschnitt 6.1. geschildert einzudecken ist, ansprechend zu gestalten, ist es üblich, die Seiten mit farbigem, der räumlichen Umgebung angepaßtem Stoff zu bespannen. Zu überlegen ist weiter, ob das Büfett mit einem Aufbau versehen werden sollte. Kleine Teller und Vorlegebestecke gehören selbstverständlich zur Ausstattung. Auch frische Blumen sollten nicht vergessen werden.

Beim Frühstücksbüfett muß der unterschiedliche Gästestrom berücksichtigt werden, der in der Zeit von 7 bis 9.30 Uhr seinen Höhepunkt erreicht.

143

a   b   c

Das *Speisen- und Getränkesortiment* auf dem Frühstücksbüfett ist vielfältig. Es gibt dem Gast Gelegenheit, von vielen Dingen etwas zu essen und nicht von einer Speise eine ganze Portion. So wiegen beispielsweise die aufgeschnittene Wurst, der Käse, die Tranchen von Roastbeef oder vom Kaßler zwischen 20 und 50 Gramm. (Um nicht zu viele unterschiedliche Einzelpreise zu haben, können die angebotenen Speisengruppen gewichtsmäßig so ausbalanciert werden, daß gleiche Preise erscheinen.) Ebenfalls werden herzhafte Speisen, beispielsweise Räucherlachs, -aal, Ölsardinen, Hering in verschiedenen Variationen sowie gewürzte Gurken, angeboten. Frische Gurken, Tomaten, Rohkostsalate und vor allem frisches Obst der Saison runden das Sortiment, zu dem noch Kleingebäck kommt, ab. Gekochte Eier sind im warmhaltenden, gepolsterten Körbchen vorhanden. Daß zum Frühstücksangebot auch Butter, Konfitüre und Brötchen, Hörnchen, Splitter, Salzstangen, Grau- und Schwarzbrot, Pumpernickel sowie Knäckebrot gehören, bedarf keiner besonderen Bemerkung.

Das Sortiment kalter Getränke auf dem Büfett reicht von Milchgetränken, wie frische, saure und Buttermilch, Joghurt, Kefir, über Fruchtsäfte bis zum Mineralwasser.

Die *Arbeitsorganisation* im Restaurant verändert sich erheblich, immer sollte in Form der Brigadebedienung gearbeitet werden. Das ist schon aus dem Grunde notwendig, weil der auf dem Frühstücksbüfett befindliche Warenbestand aus der Küche und vom Getränkebüfett von der Kellnerbrigade übernommen und bar verkauft wird. Nach Beendigung des Frühstücks rechnet der Brigadier oder Oberkellner mit den Beauftragten der Küche und des Getränkebüfetts ab.

Im Restaurant gestaltet sich der Ablauf wie folgt: Der Gast wird empfangen und zum Frühstücksbüfett geleitet. Bei der Auswahl und beim Anrichten der Speisen ist ihm der Kellner behilflich, der Büfettdienst hat. Anschließend erhält der Gast seinen Platz. Oft wird er zuerst seinen Platz einnehmen und dann zum Büfett gehen wollen. Gleich wie es ist, das Frühstücksbüfett verfehlt seine appetitanregende psychologische Wirkung auf den Gast nicht.

Der Gast geht zu seinen, mit einem Frühstückskuvert vorgedeckten Platz. Vom Getränkekellner wird er nach seinen Wünschen gefragt (Kaffee, Tee, Kakao, heiße Milch). Dieser Kellner erledigt auch die für das Frühstück üblichen Bestellungen für die warme Küche: Eierspeisen, Ragout fin, Frühstücksgulasch, kleine Steaks und ähnliches. Der Getränkekellner ist für die Sauberkeit in seinem Bereich verantwortlich, während ein dritter Kellner der Brigade die Rechnungslegung bei den Gästen übernimmt.

Zum Büfettdienst noch ein Wort. Der dort diensthabende Kellner muß gut disponieren können; denn er ist für den rechtzeitigen Nachschub aus der Küche und vom Getränkebüfett verantwortlich. Geht die Frühstückszeit dem Ende entgegen, muß

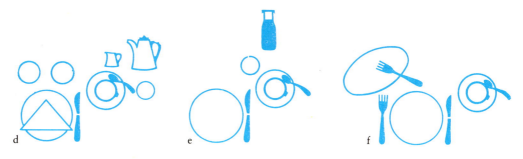

er so planen, daß möglichst wenig Bestände an die Küche zurückgehen, jedoch noch ein annehmbares Sortiment für verspätete Frühstücksgäste vorhanden ist.

Vor- und Nachdecken zum Frühstück

Wir betonten bereits: Jedes Gerät auf dem Tisch hat seinen festen Platz. Das trifft auch auf den Service zum Frühstück zu. Ist ein Frühstücksbüfett vorhanden, besteht das Kuvert aus einen kleinen Teller, der Serviette, einem kleinen Messer und einer kleinen Gabel, einer Kaffeeuntertasse und einem Kaffeelöffel (Skizze a). Die Tasse wird vorgewärmt mit dem Getränk serviert.

6.3. Das traditionelle Frühstück

Die Verzehrgewohnheiten beim *traditionellen* Frühstück im à la carte-Service sind folgende: verschiedene Brotsorten, Butter, Marmelade, Konfitüre oder Honig; Kaffee, Tee, Trinkschokolade oder Milch. Dann wird, wie es Skizze b zeigt, ohne kleine Gabel vorbereitet. Von einem erweiterten Frühstück sprechen wir, wenn zum Beispiel ein gekochtes Ei oder Eier im Glas bestellt werden. Man serviert sie links, oberhalb des kleinen Tellers (Skizze c). Daß Salz auf dem Tisch und die weiteren Menagen bereitstehen, sollte selbstverständlich sein.
Skizze d deutet an, daß oberhalb des kleinen Tellers zwei Teller vorbereitet sind, für Butter der eine, der andere für Marmelade und ähnliches. Eine kleine Gabel und ein Löffel aus Plast sind anzulegen. Meist werden diese Nahrungsmittel schon in Portionen verpackt serviert. Dann sind ein Teller und die kleine Gabel für die Butter überflüssig. Skizze d zeigt zugleich, wo das Kännchen am günstigsten zu stehen hat. Werden Kaffeesahne und Zucker für eine Person serviert, stellt man das Sahnekännchen oberhalb zwischen Untertasse und Kaffeekännchen sowie den Zucker darunter. Umgekehrt angeordnet besteht die Gefahr, beim Nachfüllen des Getränks den Behälter mit Sahne umzustoßen.
Bestellt der Gast zusätzlich Frucht- oder Gemüsesäfte, so erhält das Glas über der Messerspitze seinen Standort. Auch die Flasche Mineralwasser wird etwas höher rechts eingesetzt (Skizze e). Warme alkoholische Getränke, wie Grog oder Glühwein, erhalten denselben Platz wie der Kaffee.
Skizze f veranschaulicht den Service von Frühstücksplatten. Das können Wurst-, Schinken-, Aufschnitt- oder Käseplatten sein. Meist genügt das Anlegen einer kleinen Gabel als Vorlegebesteck.
Wenn der Gast Brühen oder Suppen bestellt, hebt der Kellner den kleinen Teller nebst Messer aus und stellt beides auf die linke Seite des Tisches. Die Suppe serviert er dann mit dem entsprechenden Löffel und Anrichtegeschirr (vgl. S. 73 ff.).

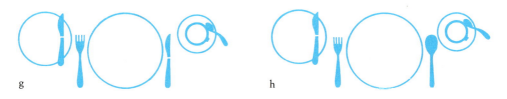

g   h

Der kleine Teller und das Messer werden ebenfalls auf die linke Seite gesetzt, wenn zum Service warme Speisen vorgesehen sind (Skizze g). Ein kleines Messer und eine kleine Gabel werden bei Setzeiern mit Schinken, Frühstücksgulasch, Toastspezialitäten (siehe S. 77), Blätterteigpasteten und Steaks aufgelegt.

Skizze h deutet das Entremetsbesteck an. Ein kleiner Löffel und eine kleine Gabel deckt man dann ein, wenn der Gast folgendes bestellt: Rührei mit oder ohne Speck und Schinken, Setzei natur, Omeletts, Ragout fin.

6.4. Das Lunchbüfett

Lunch bedeutet in der englischen Sprache Gabelfrühstück. Da der Engländer die Hauptmahlzeit erst gegen 16 Uhr einnimmt, ist für den Zeitraum von 10.30 bis etwa 13 Uhr der Lunch vorgesehen. Auf unsere Gewohnheiten übertragen, sehen wir im Lunchbüfett eine moderne Verkaufsweise von Speisen zur Hauptmahlzeit.

144

Das Lunchbüfett bietet außerordentliche Vorteile bei größeren Veranstaltungen, auf denen viele Gäste schnell und dennoch kulturvoll versorgt werden sollen. Hierbei kann es sich um Tagungen, Kongresse oder Messen handeln, aber auch stark frequentierte Gaststätten eignen sich für das Aufstellen eines Lunchbüfetts. Es gibt dem eiligen Gast die Möglichkeit, schnell auszuwählen. Während das Sortiment an kalten Vorspeisen, Suppen, frischen Salaten und Nachspeisen (Bild 144) sehr reichhaltig ist, bleibt das Angebot der warmen Gerichte begrenzt.

Üblich ist ein Lunchbüfett, an dessen Ende das Bain-marie – Wasserbad – zum Temperieren der warmen Speisen steht. Der Empfang und die Platzwahl des Gastes entsprechen der Schilderung im Abschnitt 6.2. Der Gast trifft seine Wahl (Vorspeise, Suppe usw.) und gibt gleichzeitig seine Wünsche einem der zum Anrichten der warmen Speisen bereitstehenden Köche bekannt. Während der Gast Platz nimmt, erhält bereits der zuständige Kellner die bestellten Speisen und bedient von diesem Moment an den Gast individuell. Er serviert, deckt die entsprechenden Besteckteile nach oder verändert sie.

Der Gast kann auf zweierlei Art bezahlen: Entweder wird im voraus ein Pauschalbetrag berechnet, oder der Gast begleicht die Rechnung beim Kellner.

Die Vorteile des Lunchbüfetts sind folgende:
Das Lunchbüfett bietet dem Gast die Möglichkeit, seine Auswahl schnell zu treffen. Die Wartezeit wird auf ein Mindestmaß herabgesetzt. Da sich sämtliche Speisen im Restaurant befinden, sind die Wege, die Koch und Kellner zurücklegen müssen, erheblich kürzer, jedoch müssen Koch- und Kellnerbrigade ihre Arbeitsbereiche gut abstimmen.
So bietet das Lunchbüfett im Prinzip die gleichen Vorteile, die auch im Abschnitt 6.2. geschildert wurden.

6.5. Das Abendbüfett

Zu viele Speisegaststätten hängen – zumindest noch am Abend – am „alten Zopf", das heißt, sie lösen sich nicht vom althergebrachten Angebot, beispielsweise der Wurstplatte, die sich in nichts von dem unterscheidet, was der Gast sehr oft zu Hause essen wird. In FDGB- und Betriebsheimen, Kureinrichtungen sowie in den großen Urlauberhotels aber ist man längst zum Abendbüfett[9] übergegangen. Warum nicht auch in den vielen gepflegten Speisegaststätten? Letztendlich gibt es doch zahlreiche Möglichkeiten dafür, ein Abendbüfett vom Sortiment her begehrenswert und zugleich überraschend zu gestalten, zum Beispiel aus Anlaß eines Schlachte- oder Bockbierfestes, eines Jagdessens, eines Bauernmarktes oder durch das Angebot regionaler und nationaler Spezialitäten. In Lützen, einer kleinen Stadt im Bezirk Halle, trafen wir in der HO-Gaststätte „Roter Löwe" auf einen „Marketenderwagen" im Stil des 17. Jahrhunderts mit hervorragendem Schlachtefest-Angebot, bei dem der „Koch von damals" den Gästen bei der Selbstauswahl behilflich war. Charakteristisch für das Abendbüfett sind die direkte Warenpräsentation (opti-

---

[9] Als Gegenstück zum Frühstücksbüfett wäre die Bezeichnung „Abendbrotbüfett" treffend. Da es die Praxis jedoch mehr und mehr als „Abendbüfett" bezeichnet, wählten auch wir diesen Ausdruck dafür.

sches Angebot), die individuelle Auswahl, die Selbstbedienung und die Endkassierung. Daraus wird bereits deutlich: Vieles aus den vorhergehenden Abschnitten dieses Kapitels, was Arbeitsorganisation und Service angeht, trifft auch auf das Abendbüfett zu. Demzufolge eignet sich das Abendbüfett nicht nur für einen festen Gästekreis, wie es beispielsweise die Urlauber eines Durchgangs sind, sondern für jede gepflegte Speisegaststätte, sozusagen auch für das à la carte-Angebot (vgl. Bilder 137 bis 142).

Das Sortiment sollte variabel und zugleich bedarfsgerecht sein, also den Wünschen der Gäste entsprechen. Trotzdem gibt es gerade beim Abendbüfett gute Gelegenheiten, die Gäste aktiv – im Sinne der gesunderhaltenden Ernährung und im volkswirtschaftlichen Interesse – zu beeinflussen. Beispielsweise lassen sich Geflügel und Eier sowie Speisen, die nicht aus Edelfleischteilen stammen, effektvoll anbieten. Dem Restaurant des Hotels Neptun in Rostock-Warnemünde gelang es, mit Hilfe des Abendbüfetts den Anteil der niederen und mittleren Preisgruppen gegenüber der höheren auf 70 Prozent zu erweitern.

145

Wichtig erscheint uns noch der Hinweis, daß am Abend — verbunden mit Geselligkeit und Entspannung — mehr alkoholische Getränke als zu anderen Tageszeiten getrunken werden. Diese jedem bekannte Wahrheit will im Sortiment, in der Arbeitsorganisation sowie im Service und nicht zuletzt in der Kassierung bedacht sein.
Und im übrigen: Die Leser sollten sich auch darüber Gedanken machen, wie neben den im Kapitel erläuterten kalten Büfetts auch deren „kleinere Schwestern" zur Geltung kommen können: das Salat-, Spezialitäten-, Sandwich-, Süßspeisen-, Pausen- und Imbißbüfett. Und weiter: Süßspeisen, Kuchen und anderes lassen sich gut vom Servierwagen, der wohl das kleinste Büfett sein dürfte, anbieten.

6.6. Die Speisebar

Die Speisebar ist eine selbständige gastronomische Einrichtung oder Teil einer gastronomischen Einheit mit mehr oder weniger exklusivem Charakter. Sie dient dem Verzehr von Speisen, aber auch von Getränken (Bild 145). Wir unterscheiden beispielsweise Broiler-, Grill-, Frühstücks-, Imbiß- und Snackbars. Für Speisebars sind eine spezifische Architektur und zugleich ein Maximum an küchentechnischer Ausrüstung — spezielle Speisebargeräte — notwendig. Die Auswahl der Küchenausrüstung und das Speisensortiment bestimmen den Charakter einer Speisebar, beispielsweise als Grill- und Broilerbar. Eine so kombinierte Speisebar entspricht der Forderung nach kalorienarmer, vitaminreicher und leichtverdaulicher Kost. Das Sortiment besteht aus gegrillten, gebratenen, gebackenen und auch überbackenen Fleischteilen. Als Beilagen eignen sich hauptsächlich Rohkost- oder Gemüsesalate sowie gebackene Kartoffelstäbchen.
In Speisebars sind Produktion und Service unmittelbar miteinander verbunden. Das setzt ein hohes Niveau des Service voraus, denn der Gast verfolgt gern das Zubereiten, Anrichten und den Service seiner bestellten Speisen durch einen Koch oder Kellner. Daher muß der Gastronom hinter dem Bartresen sein Produktionsprogramm virtuos beherrschen sowie den Gast fachgerecht beraten und bedienen können. Weiter sind ökonomisches Wissen und exakte Preisbildung Voraussetzungen, um den Gast für die Speisebar zu begeistern.
Zusammengefaßt gliedert sich der Prozeßablauf an der Speisebar neben der erforderlichen Vor- und Nacharbeit etwa in:

— Begrüßung und Beratung des Gastes bei der Auswahl der Speisen und Getränke,
— Annahme der Bestellung (eventuell Vorkassierung nach der Bonmethode),
— Zubereiten und Anrichten der Speisen und Getränke,
— Servieren und Rechnungslegung,
— Abräumen und Kassieren,
— Verabschiedung des Gastes.

In Speisebars lassen sich — bei Vorhandensein zusätzlicher Gästetische — Bar- und Kellnerbedienung problemlos kombinieren.
Die Spüle sollte sich möglichst hinter der Speisebar befinden. In diesem Fall sind Durchreichen für das Schmutzgeschirr sowie Durchreicheregale und -rechauds für das gesäuberte Geschirr die praktikabelste Lösung.

7. Der Getränkeservice
(einschließlich fachkundlicher Hinweise)

7.1. Appetitanregende Getränke

Die Vielfalt der Speisen erfordert einen differenzierten Getränkeeinsatz. Der Kognak oder Weinbrand, der Wodka oder Aquavit werden zu der einen Speise passen, während andere Gerichte einen trockenen Schaumwein erfordern. Weißwein wird genauso angeboten wie der Dessertwein. Nur ist darauf zu achten, daß auch hier trockener Dessertwein, das heißt niedriger Zucker-, hoher Alkoholgehalt, serviert werden sollte.
Empfehlungen für die Getränke sind bereits in den vorhergehenden Abschnitten in Verbindung mit den einzelnen Speisen stets unter der Überschrift „Getränkewahl" gegeben worden.

Zwei Gruppen der appetitanregenden Getränke sind zu unterscheiden:

a) *Getränke mit hohem Alkoholgehalt*
   Weinbrand oder Kognak, Wodka oder Aquavit und auch die trockenen Dessertweine, wie Portwein, Madeira, Cherry, Malaga, Tarragona und ähnliche;
b) *Getränke, die neben einem mehr oder weniger hohen Alkoholgehalt Bitterstoffe besitzen*
   im Handel angebotene fertige Aperitifs und Wermut. Den individuell zubereiteten Cocktails werden Bitterstoffe zugesetzt – Angostura, Orangenbitter oder das Schalenaroma der Zitrone und Orange. Dabei sollte man stets gewissenhaft beachten, daß Zitronen- und Orangenschalen zuvor gründlich warm abzuwaschen sind, wenn sie chemisch behandelt wurden.

Beide Getränkegruppen regen, entweder durch den Alkoholgehalt oder durch die Bitterstoffe bedingt, die Speichel- und Magendrüsen zur Sekretabsonderung an und erzeugen damit Appetit. Die erste Gruppe ist die der *natürlichen* Aperitifs. Die zweite Gruppe weist eine solche Vielseitigkeit auf, daß es angebracht erscheint, einige Variationen zu erläutern. Sie können in jedem Restaurant bereitet werden. Geeignet hierfür ist *trockener Wermut*. Da er Alkohol und auch Bitterstoffe enthält, läßt er sich vielfältig verändern.

Wermut Soda

50 bis 100 Gramm Wermut werden mit einem Schuß Selters oder Sodawasser, eisgekühlt, aufgespritzt.

Wermut mit Zitrone

Auf den Rand eines Cocktailglases wird ein Zitronenachtel aufgesteckt. 50 bis 100 Gramm Wermut werden eingefüllt und das Glas eingesetzt. Der Gast drückt den Saft des Zitronenkeils selbst aus. Ein Teller zum Ablegen des ausgedrückten Zitronenachtels gehört dazu.

Wermut mit Zitronenöl

Von einer Zitrone wird die Schale in der Größe eines Zweimarkstückes abgeschnitten. Das in den Poren der Zitronenschale befindliche ätherische Öl spritzt man auf den Wermut ab.
Die Rezepte können auch für die in der ersten Gruppe genannten Dessertweine verwendet werden. Es ist jedoch zu empfehlen, diese Weine unverändert anzubieten.

Cocktails

Martini-Cocktail I

In das Mischglas bzw. in den unteren Teil des Mischbechers (Shaker) wird Cocktaileis gegeben, etwa 2 bis 3 Würfel in der Größe einer Walnuß. Hinzu kommen ein Spritzer Orangenbitter, 20 bis 25 Gramm trockener, weißer Wermut, die gleiche Menge Dry Gin. Das Ganze wird gut durchgerührt und in das mit einer Olive versehene Glas geseiht. Die Olive dient zusätzlich als pikante, appetitanregende Beigabe. Ein Fruchtspießchen ist mit zu servieren.

Martini-Cocktail II

Dieselbe Rezeptur wie bei Martini-Cocktail I ist zu verwenden. An Stelle der Olive spritzt man auf den zubereiteten Cocktail Zitronenöl (Schalenaroma).

Martini-Cocktail III, Extra Dry

Ein Mischbecher mit Cocktaileis, zwei Spritzer Orangenbitter, ein Schuß von etwa 10 Gramm trockenem Wermut und 30 bis 40 Gramm Dry Gin sind dafür erforderlich. Alles ist gut durchzurühren und in eine Cocktailschale zu seihen. Mit Zitronenöl ist abzuspritzen.

Manhattan-Cocktail I

Man nehme einen Mischbecher mit Cocktaileis, einen Spritzer Angosturabitter, 20 Gramm trockenen Wermut, 30 Gramm Whisky. Alles ist gut zu rühren und in das mit einer Kirsche versehene Glas zu seihen.

Manhattan-Cocktail II

Ein Mischbecher mit Cocktaileis ist bereitzustellen. Zum Cocktail werden ein Spritzer Angosturabitter, 20 bis 25 Gramm trockener Wermut und die gleiche Menge Whisky benötigt. Alles ist gut zu rühren und ins Glas zu seihen. Sodann wird mit Zitronenöl abgespritzt oder eine dünne, fingerlange Zitronenschalenspirale ins Glas gelegt.

Manhattan-Cocktail III

Dafür sind ein Mischbecher mit Cocktaileis, ein Spritzer Angosturabitter, 10 Gramm trockener Wermut und 20 Gramm Whisky notwendig. Mit einer Olive wird garniert.

Selbstverständlich gibt es noch viele andere Cocktails und Aperitifs, die appetitanregenden Charakter besitzen. Vorgenanntes soll lediglich als Hinweis dienen.

Alle Mischgetränke erfordern Erfahrung in der Zusammenstellung. Darum bietet eine Gaststätte keinen Cocktail an, den der dafür Verantwortliche nicht schon selbst einmal verkostet hat. Dabei sollte nicht versäumt werden, die Gäste nach speziellen Wünschen zu fragen und diese möglichst zu erfüllen. Die Mischgetränke sind vor den Augen der Gäste zuzubereiten, also vom Getränkewagen (Bild 146) oder vom Ansatztisch aus. Der Kellner rechnet sich die benötigte Flüssigkeitsmenge für eine

146

Gesellschaft nicht erst am Gästetisch, sondern schon vorher aus. Dann wird auch der Inhalt der Flaschen für die Zubereitung des Cocktails reichen. Der erfahrene Kellner benutzt ein Meßglas für die Mischgetränke, um die laut Kalkulation vorgesehenen Flüssigkeitsmengen einhalten zu können. Das fördert zugleich das Vertrauen zur Gaststätte.

Alle diese Getränke werden kurz vor dem Essen serviert. Deshalb gilt folgende Faustregel: Von hochprozentigen Getränken, wie Weinbrand, Wodka und ähnlichen, dazu gehören auch die Cocktails, sollten nicht mehr als 50 Gramm je Person angeboten werden. Für Weine, insbesondere Dessertweine, und handelsübliche Aperitifs rechnet man nicht mehr als 100 Gramm je Person. Alle angeführten Cocktails werden nicht geschüttelt, sondern nur *gerührt*.

7.2. Der Weißweinservice

Vorbereitungen

Die richtige Servicetemperatur für einen Weißwein beträgt je nach Qualität zwischen + 8° und + 12°C. Junge spritzige Weine werden kühler, das heißt bei + 8° bis + 10°C, getrunken. Spitzengewächse und Originalabfüllungen sollten mit einer Temperatur von + 10° bis + 12 °C angeboten werden (vgl. Seite 50). Entspricht der Wein bei der Ausgabe nicht diesem Erfordernis, ist ein Weinkühler, mit Leitungswasser und einigen Eisstücken versehen, zu verwenden, um nach einigen Minuten die gewünschte Servicetemperatur zu erreichen. Das Umlegen der Weinflasche mit Eis im Weinkühler und das Entleeren des Salzstreuers auf das Eis sowie das Drehen der Flasche zwischen beiden Handflächen gelten als verpönt.

Gewalttemperieren, auch Frappieren (schnelles Kühlen) genannt, bekommt dem Wein nicht.

Weine von hoher Qualität dürfen beim à la carte-Service nicht am Büfett oder im Kellneroffice geöffnet werden. Der bestellende Gast will diesen Vorgang beobachten können. Der Ansatz- oder Servicetisch ist dafür der geeignete Platz.

Dem Gastgeber wird die bestellte Flasche Wein „präsentiert" (Bild 147). Auf der sauber und eng zusammengefalteten Handserviette hält der Kellner die Weinflasche so, daß das Etikett für den Gast lesbar ist und er sich von der richtigen Ausführung seiner Bestellung überzeugen kann. Zugleich überprüft der Kellner mit der Handinnenfläche die Temperatur der Flasche Wein.

Das Öffnen

Die Flasche öffnet der Kellner vorsichtig, indem er die Kapsel sauber – ungefähr 5 Millimeter unterhalb des Flaschenmundes mit dem am Hebelkorkenzieher befindlichen Messer – abschneidet. (Mit Siegellack verschlossene Flaschen müssen bis zur selben Höhe durch Abklopfen vom Lack befreit werden.) Mit einem reinen Tuch, eine Papierserviette erfüllt den gleichen Zweck, wird der Flaschenmund gesäubert, der Hebelkorkenzieher genau in der Mitte des Korkens angesetzt und mit leichtem Druck gerade eingeschraubt. Um zu vermeiden, daß Korkenreste in den Wein fallen, darf die Flasche weder gedreht noch der Korken durchbohrt werden. Der Flaschen-

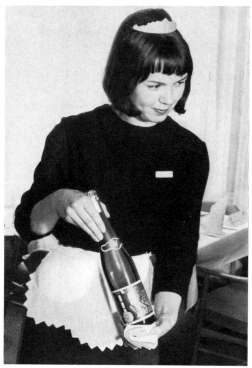

rand bildet jetzt den Druckpunkt für den Hebelkorkenzieher, der den Korken
heraushebt (Bild 148).
Es ist ratsam, schon beim Einführen des Korkenziehers den Flaschenhals mit einer
mehrfach zusammengelegten Serviette in der linken Hand festzuhalten, um eventuellen Unfällen vorzubeugen. Das ist besonders dann dringend notwendig, wenn der
Kellner merkt, daß sich der Korken schwer entfernen läßt. Dafür kann es mehrere
Ursachen geben. Der Korken ist zu groß, wurde nicht gewachst, oder er trocknete

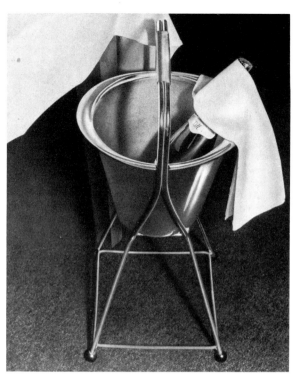

durch falsche Lagerung (stehend) aus. Besonders gefährlich ist das Öffnen bei abgebrochenen Sektkorken. Der Kellner sollte immer daran denken, daß er sich schwere Schnittverletzungen zuziehen kann, wenn der Flaschenhals springt.

Ist der Korken unter Beachtung der Vorsichtsmaßnahmen gezogen, wird er, sofern er einen Korkbrand besitzt, dem Gast überlassen. (*Korkbrand:* eingebrannter Name des Winzers oder der Winzergenossenschaft in den Korken. Der Erzeuger bürgt für die Qualität seiner Ware.) Sind am Flaschenmund kleine Korkteilchen oder sonstige Rückstände verblieben, müssen diese mit einem sauberen Tuch oder einer Papierserviette entfernt werden.

Der Probeschluck und der Service

Dem Gast wird von rechts der Probeschluck kredenzt. Nach dem Einschenken ist die Flasche kurz nach rechts abzudrehen (Bild 149). Der Kellner nimmt eine abwartende Haltung ein. Gibt der Gast seine Zustimmung, wird nach der Etikette weiter eingegossen; die Gläser werden dreiviertel gefüllt.

Die Serviette hat der Kellner zusammengelegt in der linken Hand, die er herunterhängen läßt oder leicht angewinkelt auf dem Rücken hält. Sein rechter Fuß ist kurz vorgestreckt. Während des Einschenkens geht der Kellner immer vorwärts, also rechts um den Tisch herum. Rechts vom Weinglas des Gastgebers findet die Flasche ihren Platz.

Ist zu erwarten, daß sich der Wein, durch die Außentemperatur bedingt, zu schnell erwärmt, wird die Flasche in einen Weinkühler gestellt. Eine saubere Serviette gehört um den Flaschenhals (Bild 150). Beim Nachschenken ist die Serviette zu benutzen.

Aber bitte keine „Wickelkinder" (Bild 151). Die Serviette wird mehrfach zusammengefaltet, bis sie ungefähr dem Durchmesser der Flasche entspricht, über die linke Hand gelegt, und dann werden beide Enden links und rechts von der Flasche hochgezogen (Bild 152). Dadurch vermeidet man das Heruntertropfen von Wasser auf die Bekleidung der Gäste. Das Etikett bleibt trotzdem sichtbar.

Die Weinprobe

Jeder Gastgeber wird sich bemühen, seinen Gästen das Beste kulturvoll und gepflegt anzubieten. So auch der Kellner, der Mittler zwischen Gast und gastlicher Stätte ist. Der Gast hat also ein Recht darauf, daß ihm beispielsweise einwandfreier, wohltemperierter Wein offeriert wird. Um diesem Prinzip gerecht zu werden, bedient sich der Kellner der Weinprobe. Er soll sorgfältig prüfen, ob der Wein durch irgendwelche Umstände mit Weinfehlern oder Krankheiten behaftet ist. Damit entspricht der Kellner dem eigentlichen Sinn der Weinprobe, die aus der Sicht-, der Geruchs- und der Geschmacksprobe besteht.

Die Sichtprobe

Es ist notwendig, an das Probierglas folgende Anforderungen zu stellen: bauchige Form, farblos, ungeschliffen und poliert. Am Service- oder Ansatztisch wird aus der soeben geöffneten Weinflasche ein Schluck in das Probierglas gegeben. Ungefähr 20 Gramm, also 2 Zentiliter. Diese Mengenangabe ist notwendig, um jedem Mißbrauch entgegenzutreten. Jedes Gramm mehr bringt dem Haus einen schlechten Ruf ein und ist deshalb nicht zu billigen.
Das Glas wird gegen das Licht gehalten. Das Auge prüft den Wein. Dieser muß blank und klar aussehen. Trübstoffe dürfen nicht vorhanden sein. Wird das Glas leicht geschwenkt, so zeigen sich bei ausgebauten Weinen an der Glaswand zurücklaufende Tränen oder, fachlich richtiger gesagt, Weinzähren. An der Konsistenz der Zähren erkennt der Fachmann den Glyzeringehalt des Weines, daraus wird er Rückschlüsse auf den Alkoholgehalt und die Qualität ziehen.
Das Glyzerin, ein dreiwertiger Alkohol, entsteht bei der alkoholischen Gärung. Bei Weißweinen versetzt die Weinhefe den Most in den Zustand der Gärung und

wandelt den enthaltenen Zucker in Alkohol und Kohlendioxid um. Dabei entstehen auch verschiedene Fuselalkohole. Während diese bei der Spritherstellung durch ein besonderes Verfahren abgeschieden werden – Kolonnenfilterung-Rektifikation –, verbleiben sie bei der Weinherstellung im Wein. Durch entsprechend lange Lagerung werden die Fuselalkohole in Bukettstoffe bzw. in Fruchtester umgewandelt. Die Fruchtester sind also ätherische Öle und Bestandteile des im Wein enthaltenen Glyzerins. Sind die Weinzähren „dickflüssig", kann auf einen ausgebauten Wein geschlossen werden.

Die Geruchsprobe

Der Wein wird im Glas geschwenkt. Dadurch werden Duftstoffe frei. An der verjüngten Öffnung des Glases werden die Fruchtester gebündelt. Deshalb spricht man auch von einem Bukett. Artfremde Gerüche dürfen nicht auftreten. Meist sind Weinfehler oder -krankheiten die Ursachen dafür. Der Wein gilt als verdorben.
Weinfehler entstehen durch chemische oder physikalische Vorgänge (schwarzer und brauner Bruch, Faß- oder Schimmelgeschmack, Böckser),
Weinkrankheiten durch artfremde Mikroorganismen – Bakterien – (Mäuseln, Essig- oder Buttersäurestich, Kahmhefe, Fadenziehender).

Die Geschmacksprobe

Die letzte und zusammenfassende Probe ist die Geschmacksprobe. Der Wein wird nicht heruntergeschluckt, sondern, wie der Fachmann sagt, *gebissen*. Das ist im wahrsten Sinne des Wortes die beste Bezeichnung. Durch das Beißen und durch das Bewegen der Zunge erreicht der Wein alle Geschmacksnerven. So prüfen Zunge und Gaumen die Temperatur, des weiteren aber auch, ob der Wein abgerundet, harmonisch, samtig, füllig, rassig, elegant, feurig, würzig, herb, reif oder körperreich ist. Für Farbe, Geruch, Geschmack, Alkohol, Kohlensäure, Extrakt und Blume gibt es eine unglaublich große Anzahl von Attributen, die zu nennen den Rahmen dieses Abschnitts sprengen würde. Daher mögen diese kurzen Hinweise genügen. Mit der Geschmacksprobe soll untersucht werden, ob irgendwelche Mängel die Qualität des Weines beeinträchtigt haben. Ist die Weinprobe positiv verlaufen, wird der Weißwein serviert. Treten bei der Verkostung Qualitätsmängel auf, muß man ihn zurücknehmen.

7.3. Der Rotweinservice

Da der Rotwein eine vom Weißwein abweichende Herstellung erfordert – offene Vergärung mit der Maische –, muß der Service anders gehandhabt werden.
Die Trauben werden nach dem Entfernen der Stiele in der Traubenmühle zerquetscht. Das Endprodukt ist die Maische. Diese wird in einem offenen Bottich zur Gärung angesetzt. Entstehender Alkohol laugt aus den Schalen der Trauben den roten Farbstoff heraus. Jungwein und Trester werden durch mehrmaliges Abstechen und Klären getrennt. Der Wein ist auf Flaschen zu füllen und dann schrägliegend zu lagern. Dabei muß der Korken vom Wein bedeckt sein. Der Rotwein „reift" auf der Flasche. Durch Lagerung auf der Flasche scheidet der Rotwein verschiedene

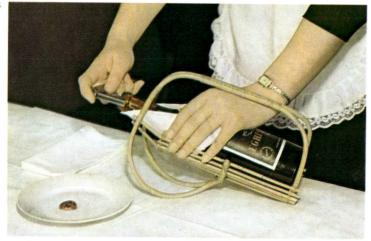

Stoffe aus (Weinstein, überschüssigen Farbstoff). Sie setzen sich sichtbar am Flaschenboden ab. In der Fachsprache wird der Satz als *Depot* bezeichnet. Der Kenner schätzt das Depot als Qualitätsmerkmal, da es nur durch mehrjährige Lagerzeit entsteht.

Der Service

Der Rotwein wird *nicht gekühlt* gelagert. Die Servicetemperatur beträgt je nach

Qualität +16° bis +18°C. Das gewaltsame Temperieren – *Erwärmen oder Frottieren* – ist abzulehnen. Vielmehr ist Rotwein bei der entsprechenden Temperatur zu lagern. Ein depothaltiger Wein würde durch schnelles Erwärmen in Bewegung geraten und den Bodensatz mitreißen. Zu kühl serviert schmeckt der Rotwein sauer, zu warm wird er lasch und fuselt. Die Flasche wird vorsichtig aus dem Regal gehoben und in einen Rotweinkorb gelegt, am Ansatztisch entkapselt – das Depot darf nicht bewegt werden – und mit dem Hebelkorkenzieher entkorkt (Bild 153).

Das Körbchen wird nicht am Henkel angefaßt, sondern die rechte Hand umfaßt oben Flasche und Korb. Unter den Flaschenmund ist eine Papierserviette als Tropfenfänger zu legen. Wegen des vorhandenen Depots wird die Flasche nach dem Einschenken nicht abgedreht (Bild 154).

Der Probeschluck geht genau wie beim Weißwein vonstatten (Bild 155). Dadurch wird der Gast in die Lage versetzt, die Temperatur einzuschätzen. Nach dem Genuß des ersten Glases kann er die Qualität des Weines beurteilen.

Besser ist es, wenn depothaltige Rotweine *dekantiert* werden. Der Wein wird behutsam in eine Karaffe umgefüllt und somit vom Depot getrennt (Bild 156). Die leere Flasche wird mitserviert.

Rotwein ist beim Einschenken Luftsauerstoff zuzuführen. Das wird erreicht, indem der Kellner die Flasche leicht hochzieht (Bild 157). Doch dürfen das nur wenige Zentimeter sein. Die Tischdecke und die Kleidung der Gäste müssen unversehrt bleiben.

Junge Rotweine haben, infolge ihrer kurzen Lagerzeit, kein Depot. Diese werden, abgesehen von der unterschiedlichen Ausschanktemperatur, wie Weißwein serviert.

7.4. Der Dessertweinservice

Die Dessertweine harmonieren wegen ihres zum Teil hohen Zuckergehaltes sehr gut zur Nachspeise. Sie werden deshalb auch als Süßwein bezeichnet. Da sie außerdem einen hohen Alkoholgehalt besitzen und in der Mehrzahl aus südlichen Ländern stammen, sind vielerorts auch die Begriffe Likörwein oder Südwein gebräuchlich geworden.

Gastronomisch teilt man den Dessertwein ein in

trockenen Dessertwein:

niedriger Zuckergehalt, etwa 3 bis 7 Prozent. Der Alkoholgehalt beträgt teilweise 16 bis 22 Volumen-Prozent (gespritet). Solche Weine eignen sich sehr gut zu bestimmten Vorspeisen als Aperitif oder auch zum Käsegang;

fetten Dessertwein:

Dieser besitzt einen hohen Zuckergehalt von etwa 10 bis 20 Prozent, dafür aber nur einen Alkoholgehalt von 10 bis 16 Volumen-Prozent. Er ist vor allem zu Süßspeisen geeignet, aber auch als Getränk in Stunden, in denen man sich ausschließlich gesellig unterhält.

Der Service

Die Servicetemperatur beträgt + 13° bis + 16°C. Der Dessertwein wird in Gläschen von 50 bis höchstens 100 Gramm (0,1 Liter) ausgeschenkt. Eine Weinprobe ist ebenfalls üblich.

7.5. Der Schaumweinservice

Der Schaumwein soll eine Servicetemperatur von +6° bis +8°C haben. Das Getränk ist innerhalb dieser Temperatur am schmackhaftesten. Hierdurch wird gleichzeitig die im Schaumwein enthaltene Kohlensäure — besser ausgedrückt Kohlendioxid — gebunden. Nach dem Kohlendioxidgehalt werden die einzelnen Typen unterschieden:

Grand mousseux = Schaumwein mit 5 at Überdruck
Mousseux = Schaumwein mit 4 at Überdruck
Crémant = Schaumwein mit 3 at Überdruck

Der Geschmackstyp eines Schaumweines wird fabrikmäßig erzeugt, indem ihm ein Dosagelikör, z.B. bestehend aus Weinbrand, Dessertwein, Kandiszucker, zugesetzt wird. Die genaue Zusammensetzung ist Geheimnis des Herstellungsbetriebes. Der Zuckergehalt, durch die Dosage hervorgerufen, bestimmt die Geschmacksrichtung.

Bezeichnungen

Deutsch	*Französisch*	*Russisch*	*Englisch*	*Zucker-gehalt*	
Natur	Brut	Натуральное	Brut	bis 1 %	Herrensekt und für Kenner
Sehr trocken	Très sec	Сухое	Very dry	1 bis 2 %	zu Vorspeisen und Gemüse-gang
Trocken	Extra sec		Dry	3 bis 4 %	
Halbtrocken	Demi sec	Полусухое	Medium	5 bis 8 %	Gesellschafts-sekt und für Süßspeisen
Süß	Doux	Сладкое	Sweet	10 bis 14 %	

Halbtrockene und süße Schaumweine bedingen eine Servicetemperatur von +7° bis +8°C. Trockene, sehr trockene und natur Schaumweine dagegen erfordern +6° bis +7°C.

Der Schaumwein sollte am Büfett, der Menge des Tagesbedarfs entsprechend, schon vortemperiert werden. Ist das nicht geschehen, wird die Flasche in einen mit Wasser und Eisstücken gefüllten Kühler gestellt. Das Frappieren (Schnellkühlen) ist abzulehnen, es bekommt dem Schaumwein nicht. Wichtig ist, daß die Kühlflüssigkeit bis zum Flaschenhals reicht.

Eine Flasche mit Schaumwein wird direkt im Kühler oder am Ansatztisch geöffnet. Sie wird dabei schräg gehalten. Das Stanniol ist an der Stelle aufzureißen, wo sich der Drahtverschluß befindet. Durch schnelles Hin- und Herbewegen des Verschlusses reißt der Draht. Die Hand umschließt mit der Serviette den Flaschenhals. Der Daumen ruht auf dem Korken, damit dieser nicht selbständig „hochgehen" kann. Draht, Bügel und Stanniol werden vorsichtig abgenommen, wobei der Korken durch den Daumen gesichert bleibt (Bild 158).

158

159

160

161

Der Korken ist nun unter Beibehaltung der Schräglage der Flasche langsam mit der Serviette zu drehen. Man spürt, wie er durch den Überdruck im Innern der Flasche hochgetrieben wird. Deshalb schiebt man ihn leicht zur Seite (Bild 159). Das freigewordene Kohlendioxid kann nun langsam entweichen. Hörbar ist nur ein leises Zischen.

Nur wenn die Schaumweinflasche vom Kühlwasser naß ist, wird diese in die längs gefaltete Handserviette genommen und dann der Schaumwein in die Gläser gefüllt. Andernfalls serviert der Kellner ohne Serviette (Bild 160).

Das im Schaumwein gebundene Kohlendioxid entweicht zu schnell, wenn direkt in die Mitte des trockenen Sektkelches gegossen wird. Der Schaumwein moussiert zu stark. Besser ist es, man trifft die Innenwand des Glases, an der der Schaumwein herunterfließen kann. Um das zu erreichen, kann der Kellner das Glas mit der rechten Hand ausheben und mit der linken einschenken (Bild 161). Fachlich spricht nichts dagegen, wenn mit der linken Hand ausgehoben und mit der rechten eingeschenkt wird. In diesem Fall verläuft der Service entgegen der Uhrzeigerrichtung. Ein spezieller Hinweis muß zu den Verschlüssen des Schaumweines gegeben werden. In den letzten Jahren haben sich solche aus Kunststoff immer mehr durchgesetzt. Beim Öffnen gibt es keine Schwierigkeiten; es sei denn, daß der Kunststoffverschluß zu schnell die Flaschenöffnung freigibt.

Mitunter lassen sich Verschlüsse aus Kork sehr schwer lösen. Hier bedient man sich einer Sektzange oder auch eines Nußknackers aus Metall. Größte Vorsicht ist geboten, wenn ein Sektkorken dabei abbricht. Zuerst schneidet ihn der Kellner unmittelbar am Flaschenmund glatt ab. Der Hebelkorkenzieher wird erst hineingeschraubt, nachdem mit der linken Hand eine mehrfach zusammengelegte Serviette den Flaschenhals umschließt. Sie soll Verletzungen verhindern, wenn beim Öffnen eine Flasche platzt.

7.6. Herstellen und Service von Bowlen und Punschen

Für die warme Jahreszeit empfehlen sich Bowlen, für die kalte Jahreszeit Punsche als anregende, weinhaltige Getränke. Wird zu den Bowlen vornehmlich Weißwein verwendet, so steht bei der Zubereitung von Punschen der Rotwein im Vordergrund. Mit Abstand folgen Weißwein und Südwein.

Grundrezept für Bowlen

a) *Früchte, Kräuter, Gewürze, Gemüse* oder *Blüten* als Geschmacksträger;
b) *Zucker*, besser Zuckersirup (er verhindert ein Trübwerden des Getränks und ist außerdem schon gelöst);
c) *wenig Alkohol*, das heißt Rum, Arrak, Weinbrand oder ein der Frucht entsprechender Likör zur Aromatisierung; jedoch nicht mehr als 5 Zentiliter je Flasche Wein;
d) *Wein*;
e) *Schaumwein* oder auch *Mineralwasser* (Tafelwasser).

Bowlen sollten immer gut gekühlt sein. Dazu eignet sich ein für das Gefäß gefertigtes Kühlrohr, das Eis enthält. Ebenso kann die Bowle in ein zweites Gefäß gestellt werden, das mit Schabeeis gefüllt ist. Es dient demselben Zweck. Verwässert wird das Getränk, wenn ihm direkt Eisstücken beigegeben werden.

Rezept für Ananasbowle (8 Personen)
a) Eine nicht zu große, frische Ananas wird geschält, in Würfel geschnitten und in ein Bowlengefäß gegeben.
b) Ungefähr 150 bis 200 Gramm Läuterzucker (Zuckersirup) werden hinzugetan (Konserven sind schon gezuckert).
c) Mit etwa 150 Gramm Rum oder Ananaslikör ist zu würzen, dann ziehen lassen.
d) Vier Flaschen kalt gestellter Weißwein sind zu öffnen und in die Bowle zu gießen; danach weiter ziehen lassen und abschmecken.
e) Die Bowle ist mit einer Flasche wohltemperiertem Schaumwein kurz vor dem Anrichten aufzufüllen.

Weitere Rezepte können der einschlägigen Literatur entnommen werden.

162

Grundrezept für Punsche

a) *Wein:* meist Rotwein, seltener Weißwein;
b) *Gewürze:* Zimt, Gewürznelken, Muskat, eventuell Tee sowie das Schalenaroma der Zitrone und Orange;
c) *Alkohol:* Rum, Arrak oder Weinbrand;
d) *Zucker:* Zuckersirup oder Säfte.

Bei der Bereitung eines Punsches für mehrere Personen müssen geeignete Gefäße verwendet werden. Kristall- oder Glasgefäße können durch das Erhitzen zerspringen. Ein Punsch wird in der nachstehenden Reihenfolge bereitet:
a) Der Wein wird erhitzt (nicht mehr als 65 °C, da sich Alkohol verflüchtigt).
b) Die Gewürze werden zugesetzt,
c) gleichzeitig Alkohol und
d) Zucker, eventuell Säfte (Zitrone, Orange), hinzugefügt.

Als Beispiel sei die sogenannte *Feuerzangenbowle oder Krambambuli* angeführt: Drei Liter Rotwein werden mit sechs Gewürznelken, dem Saft von zwei Zitronen und zwei Orangen sowie den Schalen einer Orange und einer Zitrone (sehr dünn geschält) erhitzt. Ist die gewünschte Temperatur von 65 °C erreicht, sind die Schalen der Orange und der Zitrone wieder zu entfernen.

Auf das Gefäß ist ein Siebboden – Feuerzange – zu legen und darauf ein Zuckerhut von ungefähr 250 Gramm zu setzen (Bild 162). Eine kleine Kelle, mit Rum oder Arrak gefüllt, wird über einer Spiritusflamme kurze Zeit erhitzt. Die Kelle ist schräg zu halten, so daß die Flamme überspringt und den Rum oder Arrak entzündet. (Ein Streichholz oder Feuerzeug verwendet man nicht dazu, das gilt als grober Stilfehler.) Mit der Kelle wird der brennende Alkohol nach und nach über den Zuckerhut gegossen. Dieser schmilzt, karamelisiert und tropft in den erhitzten Rotwein. Ist mehr als die Hälfte des Zuckerhutes geschmolzen, muß das Getränk gut umgerührt und verkostet werden. Allzuviel Zucker führt zu Kopfschmerzen am nächsten Tag. Die Feuerzangenbowle wird in feuerfeste Gläser – Punschgläser – gefüllt.

Alles, was man zu einer zünftigen Feuerzangenbowle benötigt, zeigt abschließend Bild 163.

11 Gekonnt serviert

8. Übersetzung der bekanntesten Begriffe aus Restaurant und Küche in die russische, englische und französische Sprache

Die Gliederung innerhalb dieser Übersetzung ist mit den Abschnitten dieses Buches identisch. Die Übersetzung erleichtert dem Leser das Auffinden bestimmter gastronomischer Begriffe in der entsprechenden Sprache, zum Beispiel bei einem Aufenthalt im Ausland. Umgekehrt werden Gaststättenleiter, Köche und Kellner in die Lage versetzt, Speisenfolgen, einschließlich der Beilagen und Getränke, für ihre ausländischen Gäste in anderen Sprachen wiederzugeben.

Die der französischen Übersetzung beigefügten Buchstaben m oder f weisen auf das Geschlecht der Wörter hin. pl bedeutet, daß das Wort im Plural aufgeführt wurde.

DEUTSCH	ENGLISCH	FRANZÖSISCH	RUSSISCH

8.1. zu: Der Servicetisch

Löffel	spoon	cuillère f (cuiller f)	ложка
Gabel	fork	fourchette f	вилка
Messer	knife	couteau m	нож
Gewürze und Würzmittel	Spices	*Epices f/pl*	Пряности
Salz	salt	sel m	соль
Paprika	paprika	paprika m	красный стручковый перец
Pfeffer	pepper	poivre m	перец
Essig	vinegar	vinaigre m	уксус
Öl	oil	huile f	масло растительное
Senf	mustard	moutarde f	горчица

DEUTSCH	ENGLISCH	FRANZÖSISCH	RUSSISCH
Worcestershire Sauce	Worcestershire sauce	sauce Worcestershire f	соус «Вустер»
Ketchup	ketchup	ketchup m	кэчуп
Getränkekarte	list of beverages	carte (f) des boissons	напитки
Speisekarte	menu, bill of fare	carte (f) des mets	меню
Tageskarte	today's bill of fare	carte (f) du jour	дежурное меню
Tablett	tray	plateau m	поднос
Zahnstocher	tooth-pick	cure-dent m	зубочистка
Aschenbecher	ash-tray	cendrier m	пепельница
Rechnung	bill	addition f, note f	счет

8.2. zu: Der gedeckte Tisch

Serviette	napkin	serviette f	салфетка
Teller	plate	assiette f	тарелка
Tasse	cup	tasse f	чашка
Glas	glass	verre m	стакан
Blumen	flowers	fleurs f/pl	цветы

8.3. zu: Die Arten des Servierens von Speisen

zerlegen	to carve	trancher	разделывать
abbrennen	to flame	flamber	опаливать
schneiden	to cut	couper	резать
vorlegen	to serve	servir	сервировать
anrichten	to dress	dresser	готовить
reichen	to pass	passer	подавать
ausbeinen, auslösen	to bone	désosser	отделять
garnieren	to garnish	garnir	гарнировать
Tafelgedeck	cover	couvert m	столовый прибор

8.4. zu: Die Garungsarten sowie der Aufbau und die gastronomischen Regeln der Speisenfolge

gekocht	boiled	cuit (boulli)	вареный
gedämpft	steamed	étuvé	пареный
pochiert	poached	poché	пареный
gedünstet	stewed	braisé	пареный

DEUTSCH	ENGLISCH	FRANZÖSISCH	RUSSISCH
geschmort	braised	poêlé (braisé)	тушеный
gebraten	fried	rôti	жареный
gegrillt	grilled	grillé	жареный на рашпере
gebacken (im Ofen)	baked	cuit au four	печеный
(im Fettbad)	deep (-fat) fried	frit	жареный фри

Zubereitungsarten

überbacken	au gratin	gratiné	запеченный
mit Speck umlegt	barded	bardé	гарнированный шпиком
durchgebraten	well done	bien cuit	прожаренный
englisch (rosa)	medium	saignant	средне-прожаренный
halb roh (blutig)	rare, underdone	bleu	слабо-прожаренный
grün (Fisch)	in green sauce (au vert)	au vert	рыба отварная
blau (Fisch)	blue (au bleu)	au bleu	рыба отварная
gefüllt	stuffed	farci	фаршированный
im Backteig	in frying batter	en pâte à frire	в тесте
natur	au naturel	nature	натуральный
paniert	coated in egg and breadcrumbs	pané	панированный
gespickt	larded	lardé	нашпигованный
mariniert	marinaded	mariné	маринованный
geräuchert	smoked	fumé	копченый
gerührt	scrambled	remué	замешанный

8.5. zu: Der Service von Speisen

Die Vorspeisen	*Appetizers*	*Hors-d'œuvre m/pl*	*Закуски*
Butter	butter	beurre m	масло
Toast	toast	toast m	гренки
Weißbrot	white bread	pain (m) blanc	хлеб белый
Graubrot	rye bread	pain (m) bis	хлеб полубелый
Schwarzbrot	brown bread	pain (m) gris (noir)	хлеб черный
Brötchen	roll	petit pain	булочка

DEUTSCH	ENGLISCH	FRANZÖSISCH	RUSSISCH
Gemüse- und Rohkostsalate	*Vegetable salads*	*Salades de légumes crus*	*Салаты*
Bohnensalat	string bean salad	salade (f) de haricots verts	салат из зеленой фасоли
Endiviensalat	endive salad	salade (f) de chicorée	салат эндивий
Gurkensalat	cucumber salad	salade (f) de concombres	салат из огурцов
Möhrensalat	carrot salad	salade (f) de carottes	салат из моркови
Paprikasalat	salad of peppers	salade (f) de poivrons	салат из стручкового перца
Radieschensalat	radish salad	salade (f) de radis	салат из редиса
Rote-Rüben-Salat	beetroot salad	salade (f) de betteraves rouges	салат из свеклы
Rapunzelsalat	corn salad	salade (f) de doucettes	салат из рапунцеля
Selleriesalat	celery salad	salade (f) de céleri	салат из сельдерея
Spargelsalat	asparagus salad	salade (f) d'asperges	салат из спаржи
Tomatensalat	tomato salad	salade (f) de tomates	салат из помидоров
Krautsalat	cabbage salad	salade (f) de choux	салат из капусты
grüner Salat	lettuce	salade (f) verte	салат зеленый
gemischter Salat	mixed salad	salade (f) panachée	салат ассорти
Zutaten zur Herstellung von frischen Salaten	*Dressings*	*Marinades f/pl*	*Приправы к салатам*
saure Sahne	sour cream	crème (f) tournée	сметана
süße Sahne	cream	crème (f) fraîche	сливки
Mayonnaise	mayonnaise	mayonnaise f	майонез
Remoulade	sauce remoulade	rémoulade f	ремулад
Zitronensaft	lemon juice	jus (m) de citron	лимонный сок
gehacktes Ei	chopped egg	œuf (m) haché	яйца рубленые
Joghurt	yogurt	yaourt m	кефир
Schnittlauch	chives	ciboulette f	лук зеленый
Knoblauch	garlic	ail m	чеснок
Estragon	tarragon	estragon m	эстрагон
Dill	dill	aneth m	укроп
Petersilie	parsley	persil m	петрушка
Zucker	sugar	sucre m	сахар

DEUTSCH	ENGLISCH	FRANZÖSISCH	RUSSISCH
Eierspeisen	*Egg dishes*	*Plats d'œufs*	Яичные блюда
halbierte Eier	egg halves	œufs (m/pl) coupés en deux	яйца пополам
geteilte Eier	sliced eggs	œufs coupés	разделенные яйца
Remouladen-Eier	eggs in sauce remoulade	œufs à la rémoulade	яйца в ремуладе
russische Eier	eggs Russian style	œufs à la russe	яйца по-русски
Kaviar-Eier	eggs with caviar	œufs au caviar	яйца с икрой
Eier mit Sardellen	eggs with anchovies	œufs aux anchois	яйца с анчоусами
Eier mit Krebsschwänzen	eggs with crayfish tails	œufs aux queues d'écrevisses	яйца с раковыми шейками
Eier mit Heringshappen	eggs with bites of pickled herring	œufs aux bouchées de hareng	яйца с кусками сельди
Pasteten	*Pies*	*Pâtés m/pl*	Паштеты
Fleischpastete	meat pie	pâté (m) en croûte	паштет из мяса
Geflügelpastete	chicken pie	pâté de volaille	паштет из домашней птицы
Leberpastete	liver pie	pâté de foie	паштет из печенки
Gänseleberpastete	goose liver pie	pâté de foie gras	паштет из гусиной печенки
Delikatessen	*Delicacies*	*Comestibles (m/pl) fins*	Деликатесы
Auster	oyster	huître f	устрицы
Muschel	mussel	moule f	ракушки
Schnecke	snail	escargot m	улитки
Hummer	lobster	homard m	омары
Languste	spiny lobster	langouste f	лангусты
Krabbe	crab	crabe m	крабы
Garnele	shrimp	crevette f	креветки
Krebs (Süßwasser-)	crayfish	écrevisse f	раки
Kamtschatkakrebs (-fleisch)	Kamchatka crabmeat	écrevisse kamtchadale	крабы камчатские
— cocktail	— cocktail	cocktail de Kamtchatka	коктейль из крабов
— ragout	— ragout	ragoût de Kamtchatka	рагу из крабов
— auf Toast	— on toast	— sur toast	крабы на гренках

DEUTSCH	ENGLISCH	FRANZÖSISCH	RUSSISCH
— natur	— au naturel	— nature	крабы натуральные
— mayonnaise	— in mayonnaise	— à la mayonnaise	крабы в майонезе
— pastete	— pie	pâté de Kamtchatka	паштет из крабов
Kaviar	caviar	caviar m	икра
— schwarzer	Beluga Malossol	— noir	икра зернистая
— roter	Keta	— rouge	икра кетовая
Suppen	*Soups*	*Potages m/pl*	*Супы*
Kraftbrühe	broth, consommé	consommé m	бульон
doppelte Kraftbrühe	consommé double	consommé double	крепкий бульон
Schildkrötensuppe	real turtle soup	potage (m) (à la) tortue	суп из черепахи
Känguruhschwanzsuppe	kangaroo tail soup	potage queue de kangourou	суп из хвоста кенгуру
Haifischflossensuppe	shark-fin soup	soupe (f) à l'aileron de requin	суп из плавника акулы
Trepangsuppe	trepang soup	potage au trépang	суп из трепанга
Blumenkohlsuppe	cream of cauliflower soup	crème (f) de chou-fleur	суп из цветной капусты
Champignonsuppe	cream of mushroom soup	crème de champignons	суп из шампиньонов
Spargelsuppe	cream of asparagus soup	crème d'asperges	суп из спаржи
Geflügelcremesuppe	cream of chicken soup	crème de volaille	суп-пюре из печени домашней птицы
Tomatensuppe	tomato soup	potage à la tomate	суп из помидоров
Windsorsuppe	Windsor soup	potage Windsor	суп «Винзор»
Fischsuppe	fish soup	soupe aux poissons	уха
Krebssuppe	crayfish soup	bisque (f) d'écrevisses	суп из раков
Gulaschsuppe	goulash soup	potage au goulasch	суп-гуляш
Kaltschale	cold soup, "Kaltschale"	soupe froide	кисель
Zwischengerichte — warme Vorspeisen	*Entrées*	*Entrées (f/pl) — hors-d'œuvre chauds (m/pl)*	*Горячие закуски*
Omelett mit	omelet	omelette f	омлет
— Schinken	ham omelet	— au jambon	омлет с ветчиной
— Kräutern	herb omelet	— aux herbes	омлет с пряными приправами

167

DEUTSCH	ENGLISCH	FRANZÖSISCH	RUSSISCH
— Ragout	ragout omelet	— au ragoût	омлет с рагу
— Pilzen	mushroom omelet	— aux champignons	омлет с грибами
— Tomaten	tomato omelet	— aux tomates	омлет с помидорами
— Geflügelleber	chicken liver omelet	— au foie de volaille	омлет с печенкой домашней птицы
— Käse	cheese omelet	— au fromage	омлет с сыром
Würzfleisch	fine ragout	ragoût (m) fin	рагу фэн
Blätterteigpastete	Vol-au-vent, petty	Vol-au-vent (m) bouchée f	пирожки из слоеного теста
Hohlpastete	puff paste shell	cannelon m	волованы
Weinbergschnecken	edible snails	escargots m/pl	виноградные улитки
Froschschenkel	frog's leg	cuisses (f/pl) de grenouille	лягушачьи ножки
Fische	*Fish*	*Poissons m/pl*	*Рыба*
Aal	eel	anguille f	угорь
Blaufelchen	grayling	ombre (m) bleu	сиг
Dorsch	cod	merluche f	навага
Flunder	flounder	flet m	камбала речная
Forelle	trout	truite f	форель
Hecht	pike	brochet m	щука
Heilbutt	halibut	flétan m	палтус
Hering	herring	hareng m	сельдь
Kabeljau	cod	cabillaud m	треска
Karpfen	carp	carpe f	карп
Lachs—Salm	salmon	saumon m	лосось, семга
Rotbarsch	dorado	rouget m	морской окунь
Rotzunge	lemon sole	limande f	густера
Sardelle	anchovy	anchois m	анчоусы
Sardine	sardine	sardine f	сардины
Seezunge	sole	sole f	лиманда
Schleie	tench	tanche f	линь
Scholle	plaice	plie f	камбала морская
Steinbutt	turbot	turbot m	желтобрюхая камбала
Zander	pike-perch	sandre f	судак

DEUTSCH	ENGLISCH	FRANZÖSISCH	RUSSISCH
Hauptfleischgang	*Main dish*	*Grosse-pièce f*	Мясные блюда
Rind (-fleisch)	Beef	Bœuf m	Говядина
Rindslende	tenderloin of beef, fillet of beef	filet (m) de bœuf	филе говядины
Lendenstück	tenderloin steak, fillet steak	filet m, bifteck m	филейная вырезка
doppeltes Lendenstück	double tenderloin steak, Chateaubriand	bifteck à la Chateaubriand	двойной кусок вырезки
Rumpfstück	sirloin steak	entrecôte f	ромштекс
doppeltes Rumpfstück	double sirloin steak	entrecôte double f	двойной ромштекс
Porterhousesteak	Porterhouse steak	porter-house steak m	портерхаусштекс
Lendenspitze	point of tenderloin	pointe (f) de filet	острие вырезки
Rindergulasch	beef goulash	goulasch (m) de bœuf	гуляш из говядины
— brust	brisket of beef	poitrine (f) de bœuf	грудинка говяжья
— schmorbraten	braised beef	bœuf braisé	тушеная говядина
— roulade	stuffed roll of beef	roulade (f) de bœuf	рулет из говядины
Kalb (-fleisch)	*Veal*	*Veau m*	Телятина
Kalbslende	fillet of veal	filet (m) de veau	телячья вырезка
— medaillon	medallion of veal	médaillon (m) de veau	медальон телятины
— stück	veal steak	steak (m) de veau	филе телятины
— kotelett	veal cutlet	côtelette (f) de veau	котлета телячья отбивная
— braten	roast veal	rôti (m) de veau	жареная телятина
— frikassee	fricassee of veal	fricassée (f) de veau	фрикасе из телятины
— gulasch	veal goulash	goulasch (m) de veau	гуляш из телятины
— ragout	veal ragout	blanquette (f) de veau	рагу из телятины
— kopf	calf's head	tête (f) de veau	телячья голова
— keule	leg of veal	cuisseau m	телячий кострец
— haxe	knuckle of veal	jarret (m) de veau	телячьи ножки
— milch	sweet bread	ris (m) de veau	«сладкое мясо»
Schwein (-efleisch)	*Pork*	*Porc m*	Свинина
Schweinelende	tenderloin of pork	filet (m) de porc	свиная вырезка
— schnitzel	pork cutlet	escalope (f) de porc	шницель свиной

DEUTSCH	ENGLISCH	FRANZÖSISCH	RUSSISCH
— kotelett	pork chop	côtelette (f) de porc	котлета свиная отбивная
— rücken	loin of pork	carré (m) de porc	свиная корейка
— bauch	belly of pork	poitrine (f) de porc	свиная грудинка
— braten	roast pork	rôti (m) de porc	жареная свинина
— roulade	stuffed roll of pork	paupiette (f) de porc	свиной рулет
— gulasch	pork goulash	goulasch (m) de porc	свиной гуляш
Pökelkamm	pickled spare ribs of pork	échine (f) (de porc) salée	солонина
Kaßler Kamm	smoked spare ribs of pork	côte (f) (de porc) salée et fumée	копченая шейная часть
Wellfleisch	fresh boiled pork	porc (m) bouilli	буженина
Eisbein	pickled shank of pork	jarret (m) de porc salé	свиная задняя ножка
Spitzbein	pig's trotter	pied (m) de porc	ножки свиные
Sülze	brawn	fromage (m) de porc	студень
Speck	bacon	lard m	шпик
Schinken	ham	jambon m	ветчина
—, geräuchert	gammon	fumé	копченая
Hammel (-fleisch)	*Mutton*	*Mouton m*	*Баранина*
Hammelkotelett	mutton chop	côtelette (f) de mouton	котлета баранья отбивная
— keule	leg of mutton	gigot (m) de mouton	баранья задняя ножка
— rücken	saddle of mutton	selle (f) de mouton	баранья корейка
— braten	roast mutton	rôti (m) de mouton	жареная баранина
— ragout	mutton ragout	navarin m	рагу из баранины
— rippchen	mutton cutlet	côte (f) de mouton	бараньи ребрышки
Schaschlyk	shashlik	chachlyk m	шашлык
Innereien	*Offal*	*Abats m/pl*	*Внутренности*
Hirn	brains	cervelle f	мозги
Zunge	tongue	langue f	язык
Herz	heart	cœur m	сердце
Lunge	lungs	poumon m	легкое
Leber	liver	foie m	печенка
Nieren	kidneys	rognons m/pl	почки

DEUTSCH	ENGLISCH	FRANZÖSISCH	RUSSISCH
Wild	*Game*	*Gibier m*	*Дичь*
Hase(n)	hare	lièvre m	заяц
— rücken	saddle of hare	râble (m) de lièvre	заячья корейка
— keule	leg of hare	cuissot (m) de lièvre	заячий окорок
— pfeffer	jugged hare	civet (m) de lièvre	заячьи потроха
Reh	roe, Fleisch: venison	chevreuil m	косуля
Hirsch	deer, Fleisch: venison	cerf m	олень
— stück	venison steak	steak (m) de venaison	филе оленины
— medaillon	medallion of venison	médaillon (m) de venaison	медальон из оленины
— braten	roast venison	venaison (f) rôtie	жареная оленина
Wildschwein	wild boar	(Frischling:) marcassin m	кабан
— rücken	saddle of wild boar	selle (f) de marcassin	корейка кабана
— stück	wild boar steak	steak (m) de marcassin	филе кабана
— gulasch	wild boar goulash	goulasch (m) de marcassin	гуляш из кабана
— braten	roast wild boar	marcassin (m) rôti	жареный кабан
Haus- und Wildgeflügel	*Poultry and wild fowl*	*Volaille (f) et gibier (m) à plumes*	*Домашняя и дикая птица*
Taube	pigeon	pigeon m	голубь
Huhn	chicken	poule f	курица
Hähnchen	broiler	poulet m	петушок
Masthuhn	pullet poularde	poularde f	курица
Masthahn	capon	chapon m	петух
Küken	spring chicken	poussin m	цыпленок
Ente	duck	canard m	утка
Gans	goose	oie f	гусь
Pute	turkey	dinde f	индейка
— Keule	leg of turkey	cuisse (f) de dinde	бедрышки индейки
— Brust	breast of turkey	poitrine (f) de dinde	грудинка индейки
— Frikassee	turkey fricassee	fricassée (f) de dinde	фрикасе из индейки
— Putenklein	giblets of turkey	abattis (m/pl) de dinde	потроха индейки
Auerhahn	mountain cock	coq (m) de bruyère	глухарь
Birkhahn	black cock	coq (m) de bois	тетерев

DEUTSCH	ENGLISCH	FRANZÖSISCH	RUSSISCH
Fasan	pheasant	faisan m	фазан
Haselhuhn	hazel-grouse	gelinotte f	рябчик
Rebhuhn	partridge	perdreau m	куропатка серая
Schneehuhn	white grouse	perdrix (f) blanche	куропатка белая
Schnepfe	snipe	bécasse f	бекас
Wildente	wild duck	canard (m) sauvage	дикая утка
Wildtaube	wood pigeon	pigeon (m) sauvage	дикий голубь
Gemüse	*Vegetables*	*Légumes m/pl*	*Овощи*
Artischocke	artichoke	artichaut m	артишоки
Blumenkohl	cauliflower	chou-fleur m	цветная капуста
Bleichsellerie	celery	céleri m	сельдерей
Chicorée	chicory	chicorée f	цикорий
Kohlrabi	kohlrabi	chou-rave m	кольраби
Spargel	asparagus	asperge f	спаржа
grüne Bohnen	string beans	haricots (m/pl) verts	фасоль
Erbsen	peas	petits pois m/pl	горох
Möhren	carrots	carottes f/pl	морковь
Porree	leek	poireau m	лук-порей
Schwarzwurzel	salsify	salsifis m	сладкий корень
Zwiebel	onion	oignon m	лук
Grünkohl	green kale	chou (m) vert	листовая капуста
Rosenkohl	Brussels sprouts	chou (m) de Bruxelles	брюссельская капуста
Rotkohl	red cabbage	chou (m) rouge	краснокочанная капуста
Weißkohl	white cabbage	chou (m) blanc	белокочанная капуста
Wirsingkohl	Savoy cabbage	chou (m) frisé, chou de Milan	савойская капуста
Spinat	spinach	épinard m	шпинат
Meerrettich	horse radish	raifort (m) sauvage	хрен
Champignons	mushrooms	champignons (m/pl) de couche	шампиньоны
Morcheln	morels	morilles f/pl	сморчки
Pfifferlinge	chanterelles	chanterelles f/pl	лисички
Steinpilze	yellow boletuses	cèpes m/pl	белые грибы
Trüffeln	truffles	truffes f/pl	трюфели

DEUTSCH	ENGLISCH	FRANZÖSISCH	RUSSISCH
Beilagen	*Side dishes*	*Suppléments m/pl*	*Гарниры*
Makkaroni	macaroni	macaroni m	макароны
Spaghetti	spaghetti	spaghetti m	вермишель
Spätzle	"spätzle"	« spätzle »	шпэтцле
Reis	rice	riz m	рис
Klöße	dumplings	boulettes f/pl	клецки
Salzkartoffeln	boiled potatoes	pommes (f/pl) nature pommes (f/pl) à l'anglaise	отварной картофель
Schwenkkartoffeln	buttered potatoes	pommes beurrées	картофель, заправленный маслом
Petersilienkartoffeln	parsley potatoes	pommes persillées	картофель с петрушкой
Röstkartoffeln	fried potatoes (in dice)	pommes rissolées	жареный картофель фри
Bratkartoffeln	fried potatoes (in slices)	pommes sautées	жареный картофель ломтиками
Nußkartoffeln	nut potatoes	pommes noisettes	картофель орешками
Strohkartoffeln	straw potatoes	pommes paille	картофель соломкой
Kartoffelbällchen	potato croquettes	pommes croquettes	крокеты картофельные
— scheibchen	potato crisps	pommes chips	картофель ломтиками
— stäbchen	chipped potatoes	pommes allumettes	картофельные палочки
— körbchen	potato baskets	copeaux m/pl	корзинки картофельные
— brei	mashed potatoes	purée (f) de pommes	картофельное пюре
Süßspeisen, kalt	*Cold sweets*	*Entremets (m/pl) froids*	*Холодные сладкие блюда*
Speiseeis	ice cream	glace f	мороженое
— Schokolade	chocolate ice cream	glace au chocolat	шоколадное мороженое
— Vanille	vanilla ice cream	glace à la vanille	ванильное мороженое
— Fruchteis	fruit ice cream	glace aux fruits	фруктовое мороженое
Eisbecher	ice coupe, ice cup	coupe (f) de glace	вазочки для мороженого
— Pfirsich Melba	— peach "Melba"	pêche (f) « Melba »	«Пфирзих Мельба»
— Birne Helene	— pear "Helena"	poire (f) « Hélène »	«Бирне Елена»

DEUTSCH	ENGLISCH	FRANZÖSISCH	RUSSISCH
Halbgefrorenes	parfait	parfait m	пломбир
Sorbet	sherbet	sorbet m	шербет
Creme	cream	crème f	крем
— Zitrone	lemon cream	— aux citrons	лимонный крем
— Orange	orange cream	— aux oranges	апельсиновый крем
— Mandel	almond cream	— aux amandes	миндальный крем
— Karamel	caramel cream	— au caramel	крем с карамелью
Savarin	savarin	savarin m	саварин
Obstsalat	fruit salad	salade (f) de fruits	фруктовый салат
Kompott	compote	compote f	компот
Torte	fancy cake	tarte f, gâteau m	торт
Obstkuchen	fruit cake	tarte aux fruits	фруктовый пирог
Sandgebäck	sponge cake	sablé m	печенье
Schlagsahne	whipped cream	crème fouettée, crème Chantilly	сбитые сливки
Süßspeisen, warm	*Hot sweets*	*Entremets (m/pl) chauds*	*Горячие сладкие блюда*
Omelette confiture	sweet omelet	omelette (f) confiture	омлет с конфитюром
Omelette stefani	omelet "Stephani"	omelette « Stéphanie »	омлет «Стефани»
Omelette surprise	omelet "Surprise"	omelette surprise	омлет сюрприз
Krapfen	sponge cakes	beignets m/pl	оладьи
Eierkuchen	pancakes	omelette f	блины
Crêpes	pancakes	crêpes f/pl	яичница
Palatschinken	pancakes	crêpes (f/pl) à l'autrichienne	яичница с ветчиной
Plumpudding	plum pudding	plum pudding m	плумпудинг
Auflauf	soufflé	soufflé m	запеканка
Käse	*Cheese*	*Fromage m*	*Сыр*
Camembert	Camembert	Camembert m	сыр камембер
Brie	Brie	Brie m	сыр бри
Gorgonzola	Gorgonzola	Gorgonzola m	сыр горгонзола
Roquefort	Roquefort	Roquefort m	сыр рокфор
Tilsiter	Tilsit	Tilsit m	сыр советский
Chester	Chester	Chester m	сыр честер
Edamer	Edam	fromage de Hollande	эдамский сыр
Parmesan	Parmesan	parmesan m	сыр Парисан

DEUTSCH	ENGLISCH	FRANZÖSISCH	RUSSISCH
Schweizer	Swiss	gruyère m	швейцарский сыр
Käsewindbeutel	cheese puffs	chou (m) au fromage	воздушное печенье с сыром
— gebäck	cheese biscuits	biscuits (m/pl) au fromage	печенье с сыром
— würzbissen	Welsh rarebits	Welsh rarebits	бутерброды с пикантным сыром
— fondue	cheese fondue	fondue (f) au parmesan	сыр фондю
— platte, gemischt	cheese platter	plat de fromage assorti	ассорти сыра
Obst	*Fruit*	*Fruits m/pl*	*Фрукты*
Apfelmus	stewed apples	compote (f) de pommes (passées)	яблочный мусс
Ananas	pineapple	ananas m	ананас
Aprikose	apricot	abricot m	абрикос
Banane	banana	banane f	банан
Birne	pear	poire f	груша
Brombeere	blackberry	mûre (f) sauvage	ежевика
Erdbeere	strawberry	fraise f	клубника
Walderdbeere	wild strawberry	fraise des bois	земляника
Heidelbeere	blueberry	myrtille f, airelle f	черника
Himbeere	raspberry	framboise f	малина
Johannisbeere	red currant	groseille f	смородина
Stachelbeere	gooseberry	groseille verte	крыжовник
Kirsche	cherry	cerise f	вишня
Mandarine	tangerine	mandarine f	мандарин
Melone	melon	melon m	дыня или арбуз
Orange	orange	orange m	апельсин
Pampelmuse	grapefruit	pamplemousse m, grapefruit m	грейпфрут
Pfirsich	peach	pêche f	персик
Pflaume	plum	prune f	слива
Preiselbeere	cranberry	airelle (f) rouge	брусника
Weintraube	grape	raisin m	виноград

DEUTSCH	ENGLISCH	FRANZÖSISCH	RUSSISCH

8.6. zu: Kalte Büfetts

Tafel	table	table f	стол
Tisch	table	table f	стол
Stuhl	chair	chaise f	стул
Tafelschmuck	table decoration	décoration (f) de la table	украшение стола
Stehbankett	buffet supper	lunch (m) debout	фуршетный стол
Empfang	reception	réception f	прием

8.7. zu: Der Getränkeservice

Cocktail	cocktail	cocktail m	коктейль
— Martini	— Martini	Martini m	мартини
— Manhattan	— Manhattan	Manhattan m	мэнхэттен
Wermut	vermouth	vermouth m	вермут
Weißwein	white wine	vin (m) blanc	белое вино
Rotwein	red wine	vin (m) rouge	красное вино
Dessertwein	dessert wine	vin de dessert	десертное вино
Schaumwein	champagne	vin mousseux champagne m	игристое вино
Flasche	bottle	bouteille f	бутылка
Karaffe	decanter	carafe f	графин
Schoppen	pint	chopine f	фужер
Glas	glass	verre m	рюмка
Bowle	cup	bowl m	крюшон
Glühwein	mulled wine	vin (m) chaud	глинтвейн
Bier	beer	bière f	пиво
— hell	pale beer	bière blonde	пиво светлое
— dunkel	dark beer	bière brune	пиво темное
Wasser	water	eau f	вода
Mineralwasser	mineral water	eau minérale	минеральная вода
Limonade	lemonade	limonade f	лимонад
Obstsaft	fruit juice	jus (m) de fruits	фруктовый сок
Gemüsesaft	vegetable juice	jus de légumes	овощной сок
Kaffee	coffee	café m	кофе
Tee	tea	thé m	чай
Kakao	cocoa	cacao m	какао
Milch	milk	lait m	молоко